保育所&幼稚園 実習の記録と指導案 まるごとBOOK

監修：
横山 洋子・ほいくる

KADOKAWA

はじめに

　初めて保育所や幼稚園へ実習に行く際には、大きな不安を感じますよね。ちゃんと子どもに関われるだろうか、先生方とうまくやりとりできるだろうか、記録は夜中までかかって寝られないのではないか。考えれば考えるほど、不安に押しつぶされそうになるかもしれません。

　大丈夫です！　本書はそのような不安を打ち消し、実習が楽しみになるよう心の準備をするために生まれました。実習の流れを知り、身だしなみや持ち物について知り、それぞれの年齢でなにを見て学べばよいのかも明記しました。また、年齢に応じた具体的な遊びアイデアを示し、指導案をどのように書けばよいか、解説を加えて載せています。さらに、毎日書かなければならない記録について、事実の羅列だけではなく、なんのためにその援助をするのかという意図を含めた記述を示し、具体的な例から学べるようにしています。文例も豊富にあるので、パラパラめくっているうちに、使えそうな文に出合えるでしょう。自分なりにアレンジして使うことも覚えてくださいね。

　保育所や幼稚園側は、保育の上手な優秀な実習生など求めていません。そんな人はもう実習で育てる甲斐がないのです。期待するのは、笑顔で前向きに学ぼうとする実習生です。いろいろなことができなくても知らなくても失敗しても、「今日はこのことを学びました。ありがとうございました」と言って記録に書ける人や「昨日の私よりちょっと成長した私」を実感できる人を待っているのです。

　ほらね。実習が楽しみになったでしょ？　オドオドする必要はありません。ありのままのあなたで、かわいい子どもたちに出会えることを心待ちにしていてください。わからなくなった際は本書を開き、役立つところを拾ってください。

　あなたの実り多い実習を、心から応援しています。

千葉経済大学短期大学部こども学科 教授
横山洋子

　実習を前にして、みなさんは今どんな気持ちですか…？　きっと、はじめてのことにドキドキしたり、戸惑いや心細さを感じたりしている方も多いのではないかと思います。わからないことが多いほど、想像や不安は膨らむもの…本書には、そんな戸惑いや不安が安心や見通しに繋がるような、実習のお供として心強い要素がたくさん詰まっています。

　私もかつて、保育学生として実習を経験しました。体力も神経も使う緊張感のある実習期間のなかで、「先生に伝えた方がいいかな？　それとも、いちいち伝えられても困るかな…」「確認した方がいいかな？　それとも自分で考えた方がいいかな…」なんて細かいことひとつひとつに立ち止まる毎日。実習先の先生からの印象を気にしたり、悩んだり、自信をなくしたりすることもたくさんありました。もしかしたら、みなさんも同じような場面に遭遇するときがあるかもしれません。

　でも、大丈夫。わからなくて当たり前。できなくて当たり前。悩んで当たり前。だって、それを経験するための実習なのですから…！　「間違えたらいけない」「ちゃんとできないといけない」「とにかく頑張らなきゃ」と肩に力が入ってしまいがちですが、うまくやること、こなすことを目的とするのではなく、"いろんなことを吸収するぞ！"と前向きな気持ちでいることが、実習を実りあるものにするポイントです。

　今振り返ってみると、保育者として現場に出たときに一番役に立ったのは、実習経験を通して得た気づきや体験でした。戸惑いや失敗からの学びもひっくるめた実習経験が、これから保育者として子どもと関わっていく日々に、大きく繋がっていくと思います。

　保育者は、"子どもが好きじゃなきゃできないけれど、好きだけじゃできない"職業だと、私は思っています。そんな保育のリアルを学び体感できるのが、実習です。たっぷり体験してたっぷり考えて、そして保育者という職業のやりがいや学びをたくさん発見できる、充実した実習になりますように！

HoiClue［ほいくる］
雨宮みなみ

Contents

＼ 現役の園長先生より、実習生の皆さんへメッセージをいただきました！ ／

● 河合 清美 園長
（かわい きよみ）

NPO法人こども発達実践協議会代表理事／東京都認可保育園園長／星美学園短期大学特別講師／アソシエートトレーナー認定。Twitter（園長☆きよみ☆ぷちコラム @petit_column）はフォロワー10,000人超。『明日はもっといい保育をしよう！』を合言葉に、保育実践研修・コミュニケーション研修・マネジメント研修などの講師も務める。保育所保育指針活用クリアファイルを企画・制作。「東京すくすく（東京新聞子育てサイト）」「まみたん（子育て情報フリーペーパー）」「kodomoe（子育て雑誌）」などにて、子育てアドバイザーとしても活躍。

● 吉村 直記 園長
（よしむら なおき）

社会福祉法人みずものがたり理事・おへそグループ統括園長。資格：公認心理師・保育士・幼稚園教諭・中学高等学校教諭。2010年に保育園設立を検討していた佐賀の地元企業の社長と出会い、その教育への思いに共感し、地元に戻り、2011年25歳で認可外保育所「おへそ保育園」園長に就任。その後認可化し、現在は小規模保育所「おへそ保育園」・幼保連携型認定こども園「おへそこども園」・企業主導型保育所「おへそつながり」・児童発達支援施設「おへそこどもスタジオ」・放課後学童クラブ「おへそ学道場」計5事業を統括。
園長の傍ら空手指導・執筆・講演活動の他に、一男一女の父として子育てにも奮闘中。

実習で大切にしてほしいこと

　現場に出てからは、さまざまなことに「責任」が伴います。そのため失敗が怖くなることもあります。実習生のうちは、知らなくて当たり前、失敗して当たり前なので、"うまくやろう"よりも、"おもいっきりやろう！"　とチャレンジしてほしいです。

　現場に出ても、子どもたちを「よく観る」ことが保育の基本です。自分が観た子どもたちの姿と保育者が観た子どもたちの姿、そこにどのような差があるか？　違いから学べることも沢山あります。

　実習生の皆さんは、現場の保育者よりも子どもたちに年齢が近いことが強みです。"もし自分がその子の立場だったら、どんな風に感じるかな？"と子どもの感覚に近い若い感性を活かして実習に臨んでほしいです。

（河合園長より）

　実習中は、さまざまな園の方針を学ぶ機会が多いと思います。その際、「このような子どもとの関わり方は素敵だなあ」という園もあれば、「こういうことはしたくないなあ」という思いを抱く園もあるかもしれません。

　どのような実習先に行っても、ひとつの学びだと思い、自分のなかに一度受け入れてみてください。そしてそのなかで子どもにとってどのような保育が幸せか、ということを考えて自分の保育観を形成してほしいと思います。

　子どもの幸せを考えると、自然と自分にとっての幸せはなんなのか、と自分自身を見つめ直すことも多くあると思います。

　文章など、記録には残らない（残せない）ものでも、瑞々しいその心に刻み込まれた実習での出来事、感じたこと、悩んだことはあなたの人生において今後大きな糧になるはずです。大切にしてほしいと思います。

（吉村園長より）

こんな実習生さんは困っちゃう

"できなくて当たり前""知らなくて当たり前"なのですが、「質問はある?」「わからなかったことはある?」と聞いてもなにも出てこないときは、保育者側も悩むものです。

"わからないことがわからない"という心境ではあるでしょうが、どんな小さなことでも聞いてくれる方が、保育者も指導しやすいのです。実習生の質問に答えることは、保育者の方も学びになるということも知っておいてくださいね。

保育者の問いかけに、とっさに言葉が思い浮かばないときもあるでしょう。そんなときは、黙ってしまうのではなく、「少し考えていいですか?」と"考えている"という気持ちや姿勢を表現してくださると好感がもてます。

たくさん質問する方が、「学ぼうとする意欲があるんだな」という印象になります。遠慮なくたくさんの質問をしてくださいね。

（河合園長より）

「よい評価をもらおう」ということを優先してしまって、自分らしい振る舞いができなくなることはとても残念です。日々たくさんの子どもたちと触れ合っている保育者は、その不自然さにすぐ気づくと思っていてください。

本来の自分の姿で、子どもたちや実習先の先生方と真摯に向き合うことを大切にしていれば、自然とあなたの良さが子どもたちや保育者に伝わります。子どもたちはそれくらい、どんな人でも受け入れる器をもっているんですよ（すごいですよね）。あなたらしく、全力で子どもたちと楽しむことを大切にしてくださいね。

（吉村園長より）

実習生の皆さんに贈るメッセージ

一番緊張するのは、保育者とのコミュニケーションではないでしょうか?　私も実習期間中は緊張しました（笑）。コミュニケーションは保育者になっても続く課題です。コミュニケーションの秘訣をメッセージとして送りますね。
『"すみません"より"ありがとう"』です。

なにか失敗したときに"すみません"と謝ると、うまくいかなかった自分を見てしまいます。
なにか失敗しても"教えてくださり、ありがとうございます""助けていただきありがとうございます"といったように"ありがとう"を伝えると、相手の存在を温かく感じられます。

受け取り方が変われば、実りも変わる。「ありがとう」という言葉を積極的に使うと、緊張せずに楽しい実習になりますよ。ぜひ実習を楽しんでほしいと思います。

（河合園長より）

実習先での人との出会いを大切にしてください。そこで働く園長先生や、保育者さん、子どもたち、保護者様等、実習であってもそのご縁がいずれ自分の身を助けることがあります。目の前の人に喜んでいただくということは、どこに就職したとしても、今後社会に出ていく上で、とても重要なスキルです。実習で保育のスキルを学ぶことも大切ですが、目の前の人にたくさん笑顔になっていただくためには、どのようなスキルが必要かを学ぶ大切な機会として捉えながら、実習を楽しんでください。（吉村園長より）

※2021年3月実施
HoiClue［ほいくる］アンケートより　123名回答
本書掲載の「先輩からのメッセージ」は、アンケートに寄せられた皆様の声を書籍用に編集したものです。

実習前にちゃんと準備しておいてよかった！と感じたことは？

- 遊びのアイデアの引き出しを増やす　36名
- 実習で学びたいことの整理　27名
- 子どもの発達過程についての理解　15名
- 実習の流れや1日の流れの確認　10名
- 実習でお世話になる園の情報収集　10名
- 話し方やマナーについての勉強　8名
- 生活習慣を整えるなど、体調管理　6名
- 事前に確認したいことのリストアップ　5名
- 実習に必要な持ち物の事前準備　4名

（横軸：0　5　10　15　20　25　30　35　40）

その他
- 実習録の書き方
- 子どもにも先生方にも元気に挨拶をし、明るく積極的に関わり楽しく実習しようという気持ち

実習生を受け入れる側から見て「実習生さんに求めるもの、大切にしてほしいこと」は？

- 積極的に質問をする　53名
- なぜそうするのか？の意味を知る　29名
- 挨拶をしっかりする！　20名
- 睡眠をとるなど、体調を整える　9名
- 一度言われたことは、覚える　4名
- 細かくメモをとる　2名
- 時間に余裕をもつ　2名

（横軸：0　10　20　30　40　50　60）

その他
- 明るく元気に挨拶ができて、子どもと楽しく関わること
- 子どもとたくさん遊ぶこと
- 大きな声でハキハキと、積極的に子どもに関わること

実習の「わからないこと」「不安なこと」にどう向き合ってた？

- 実習先の先生に、思いきって直接相談してみる　84名
- 同じく実習をしている友人に相談する　16名
- 学校の先生に相談する　12名
- 書籍などを購入して調べる　4名
- ネットやSNSを使って情報収集をする　3名

（横軸：0　20　40　60　80　100）

その他
- ピアノの先生が元保育士だったので相談した
- 社会人の先輩でもある親や兄姉に相談した

実習中「これは持っておくと安心だよ！」というものは？

- ☐ メモとペン（ペンはクリップ付きのノック式が便利）
- ☐ ポケットティッシュ（鼻水や鼻血、汚れにも対応する）
- ☐ タオルやハンカチ
- ☐ 手袋シアターや絵本の遊びアイテム
- ☐ 道具がなくてもできる手遊びネタ
- ☐ ポケットの大きいエプロン

緊張感ある実習中、息抜きやリフレッシュできたモノ、コトは？

- ☐ とにかくしっかり寝る
- ☐ ゆっくりお風呂に浸かる
- ☐ お菓子やスイーツなど甘い物を食べる
- ☐ 学校の同級生と話す
- ☐ 好きな音楽を聴く
- ☐ 実習後の予定を立てる

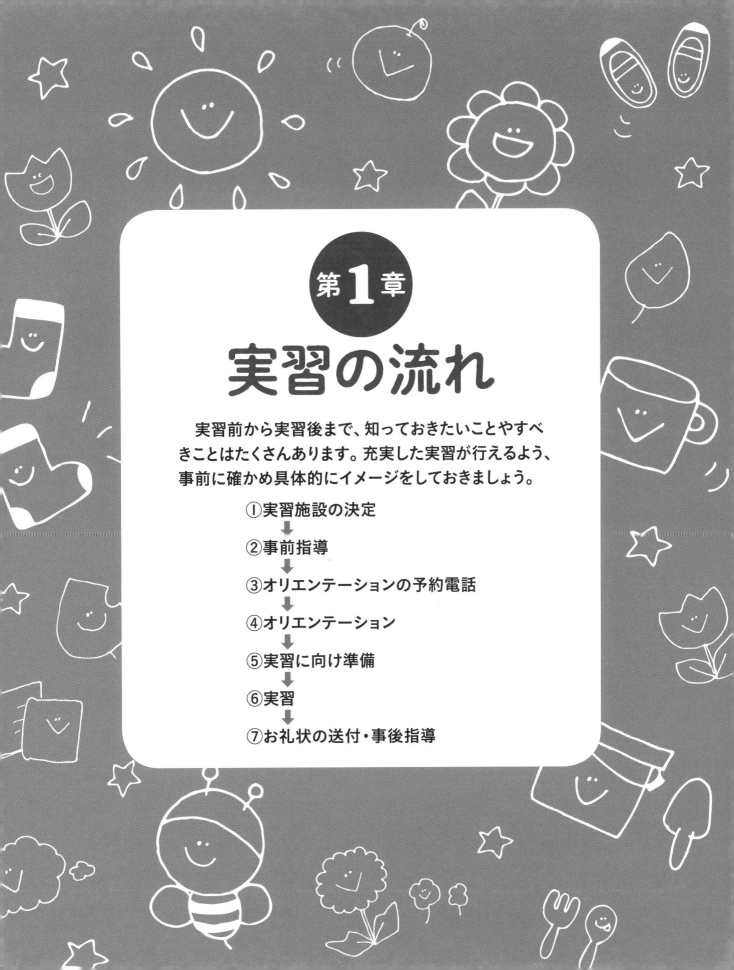

第1章

実習の流れ

実習前から実習後まで、知っておきたいことやすべきことはたくさんあります。充実した実習が行えるよう、事前に確かめ具体的にイメージをしておきましょう。

①実習施設の決定

↓

②事前指導

↓

③オリエンテーションの予約電話

↓

④オリエンテーション

↓

⑤実習に向け準備

↓

⑥実習

↓

⑦お礼状の送付・事後指導

実習前の準備

実習の種類を知る

養成校で、保育士資格・幼稚園教諭免許状を取得するために、学外実習は必ず修得しなければならない科目です。

資格・免許	実習の名称	
保育士資格	保育実習I（保育所）　※必修	詳しくは**P.26**「保育実習」**P.112**「施設実習」
	保育実習I（施設）　※必修	
	保育実習II（保育所）or 保育実習III（施設）　※どちらか	
幼稚園教諭免許状	教育実習（幼稚園）　※必修	詳しくは**P.82**「幼稚園実習」

実習全体の流れ

いずれの実習も、下記のような流れで行われます。

❶ 実習施設の選択・決定
養成校が指定した実習先で実施する場合と、学生自身が希望する実習先へ、自ら交渉し実施する場合とがある。

❷ 養成校で事前実習
養成校で実習に必要な事前指導を受ける。

❸ 実習先へオリエンテーションの予約電話
実習先の指導担当者に連絡し、オリエンテーションを行う日時を決める。

❹ 実習先でオリエンテーション
必要な書類を持参し、実習の打ち合わせを行う。

❺ 実習へ向けて準備
オリエンテーションで出された課題や、指導案を作成する自己紹介や手遊びなどの準備を行う。

❻ 実習実施
ついに本番！

❼ 養成校で事後指導/お礼状の送付
養成校で事後指導を受け、実習を振り返る。また、実習先へお礼状を送る。

オリエンテーションとは？
「オリエンテーション」のもともとの意味は、「その事柄についての、進路・方針を定めること。また、それが定まるようにしてやること。方向づけ」です（岩波国語辞典第八版『岩波書店』より引用）。ここでいうオリエンテーションは、打ち合わせや見学をし、実習の進め方を知ることと認識するとよいでしょう。

オリエンテーションの日時を決める

まずはオリエンテーションの日時を決めるため、実習先へ電話をかけます。実習開始日のおよそ1か月前に、実習先へ伺うようにしましょう。

確認リスト

P.159に書き込み式の「電話メモ」を用意しているのでご活用ください。

電話をかける前

- ☐ メモ帳と筆記用具の用意
- ☐ 電話をかけるタイミングの確認
  （保育所）午睡中の13時〜14時くらい
  （幼稚園）降園後の15時〜16時くらい
- ☐ 実習をお願いする期間の確認
- ☐ 配属クラス先、「部分実習」「責任実習」の希望を聞かれる場合もあるので、答えられるよう準備

電話で伝えること

- ☐ 学校名、学年、氏名、オリエンテーションの相談をしたいことを伝える
- ☐ 園長先生か実習担当の先生につないでいただく
  ➡ （つないでいただいたら再度「学校名、学年、氏名、実習のオリエンテーションの相談をしたいこと」を伝える）
- ☐ 実習を受け入れていただいたお礼
- ☐ 実習をお願いしたい期間を伝える
- ☐ オリエンテーションの日時の相談
- ☐ オリエンテーションまでに用意する書類の確認
- ☐ 来園（来所）方法の確認（駐車場、駐輪場の使用）
- ☐ 電話を切る際は、応対していただいたお礼を伝え、先方が電話を切るのを待ってから静かに切る

実習先でオリエンテーション

オリエンテーションはスーツなど清潔感のある服装で訪問します。メモ帳、筆記用具、実習先から依頼された書類、養成校から実習先宛てに預かった書類などを持参します。

確認リスト

P.159に書き込み式の「オリエンテーションメモ」を用意しているのでご活用ください。

実習先について

- ☐ 実習先の方針
- ☐ 職員構成
- ☐ 在園児のクラス構成

感染症対策について

- ☐ 実習先での感染症対策
- ☐ マスクの着用（あり/なし）方針

実習期間中の動きについて

- ☐ 配属されるクラス
  （※希望を聞かれた際、答えられるように）
- ☐ 「部分実習」「責任実習」の予定
  （※希望を聞かれた際、答えられるように）
- ☐ 行事や活動予定
- ☐ 実習中のメモ（OK/NG）
- ☐ 記録の提出の仕方

実習中の持ち物

- ☐ 水筒、帽子、タオル、着替えの準備の必要
- ☐ 昼食（給食/弁当）

服装

- ☐ 実習中の衣服や帽子
  キャラクター付きは不可
- ☐ 名札（縫い付けるなど）
- ☐ エプロン（不要の場合もあり）
- ☐ 腕時計（不可の場合もあり）
- ☐ 給食時の服装

施設環境

- ☐ 荷物置き場、着替えの場所
- ☐ 来所（来園）方法の確認（駐車場、駐輪場の使用）

必要経費

- ☐ 給食費・おやつ代の金額や支払日
- ☐ バス代、教材費等その他の経費の支払日

その他

- ☐ 健康状態に不安がある場合は事前に申し出る（アレルギー性疾患、リウマチなど持病があれば、対処方法や配慮をお願いしたいことを伝える）
- ☐ 記録や指導案での子どもの記名の仕方（実名/イニシャル/その他）
- ☐ 練習しておいた方がよいこと（ピアノ/手遊び/絵本など）

通勤時

実習先が指定しますが、スーツまたはスーツに準ずる服装が一般的です。

髪型

☐ 長い髪はひとつに結ぶ。ポニーテールは子どもの目に入る危険があるので避け、コンパクトにまとめる。

☐ 子どもから目や表情が見えるよう前髪が目にかからないようにする。

☐ パーマやカラーは控える。

服装

☐ シャツはシンプルな襟付き白無地。

☐ ネクタイは無地やストライプなど、シンプルなデザインを選ぶ。

☐ 黒や濃紺の無地のスーツ。

☐ スラックスはくるぶしが見えないもの。

☐ スカートは膝が隠れる程度の長さ。

☐ シワがないよう、アイロンをかける。

靴・靴下

☐ 靴：黒のシンプルなデザイン。

☐ 靴下：黒や紺が基本。

☐ ストッキング：ベージュが基本（予備も準備）。

鞄

☐ 黒のシンプルなデザイン（A4サイズが入る大きさ）。

☐ サブバッグ（着替えなどに使用）：キャラクターのないものが無難。

メイク・アクセサリー・香水

☐ アクセサリーはすべて外す。

☐ 香水はつけない。

☐ 爪は短く切る。

※暑い時期は、上着なし、半袖などでOK。

清潔感が大事だね！

身だしなみ▶保育中

服装
- ☐ Tシャツ・長袖シャツ・ポロシャツ・トレーナーなど。
- ☐ フード付きや首回りの紐付きは危険なので不可。
- ☐ 丈が短く、肌が露出するものは不可。
- ☐ 股上が浅く、下着が見えるズボンは不可。
- ☐ シンプルなデザインの、膝が隠れるズボン（スウェット素材、デニム、ジャージ素材は実習先によって禁止されるので要確認。チノパンがおすすめ）。

靴
- ☐ 脱ぎ履きしやすい上履き・外履き（紐付きの靴、サンダル、スリッパは不可）。

清潔感に加え
動きやすさも大事！

実習に行くまで ＆いざ本番！ 　実習の際に必要な物は前もって確認し、揃えておきましょう。

持ち物リスト

- ☐ 細菌検査結果票（実習初日）
- ☐ マスク
- ☐ 記録・指導案
- ☐ エプロン（園による）
- ☐ ハンカチ（手拭き用）
- ☐ タオル（汗拭き用）
- ☐ ポケットティッシュ
- ☐ ビニール袋（子どものためのごみ袋用）
- ☐ 弁当（購入したものは弁当箱に詰め替える）
- ☐ 飲み物（お茶や水を水筒に入れる）
- ☐ 帽子
- ☐ 上履き
- ☐ 外履き
- ☐ 着替え（上下、靴下）
- ☐ 実習用メモ
- ☐ 印鑑（出勤簿に押印する場合）
- ☐ 教材（楽譜、手袋シアター、ペープサート、絵本など）
- ☐ 筆記用具（消えるペンは不可）
- ☐ 電子辞書・小型の国語辞典
- ☐ 健康保険証
- ☐ 財布（1,000円は入れておきたい）
- ☐ 給食費など（封筒に名前と金額を書いて入れる）
- ☐ 交通系ICカード（1,000円は入金しておきたい）
- ☐ 腕時計（乳児クラスは不可の場合もある。確認の上、ゴム製など子どもに当たってもけがをしない素材に）

- ● 忘れ物をした際は正直に謝り、実習先の先生に相談しましょう。早めに伝えれば、実習側も対応できます。水筒などは健康に関わるので、我慢せず伝えましょう。

● その他
（他に必要な物などがある際、書き込んでご活用ください。）

- ☐ ＿＿＿＿＿＿＿＿＿＿＿＿＿＿＿＿
- ☐ ＿＿＿＿＿＿＿＿＿＿＿＿＿＿＿＿
- ☐ ＿＿＿＿＿＿＿＿＿＿＿＿＿＿＿＿
- ☐ ＿＿＿＿＿＿＿＿＿＿＿＿＿＿＿＿
- ☐ ＿＿＿＿＿＿＿＿＿＿＿＿＿＿＿＿
- ☐ ＿＿＿＿＿＿＿＿＿＿＿＿＿＿＿＿
- ☐ ＿＿＿＿＿＿＿＿＿＿＿＿＿＿＿＿
- ☐ ＿＿＿＿＿＿＿＿＿＿＿＿＿＿＿＿
- ☐ ＿＿＿＿＿＿＿＿＿＿＿＿＿＿＿＿
- ☐ ＿＿＿＿＿＿＿＿＿＿＿＿＿＿＿＿
- ☐ ＿＿＿＿＿＿＿＿＿＿＿＿＿＿＿＿
- ☐ ＿＿＿＿＿＿＿＿＿＿＿＿＿＿＿＿

準備しておくと安心

- ☐ 自己紹介グッズ（➡ 巻頭折り込み参考）
- ☐ 読み聞かせの練習（➡ **P.80** 参考）
- ☐ 手遊び・わらべうた（➡ **P.110** 参考）
- ☐ うたやピアノの練習（オリエンテーションで確認）
- ☐ 子どもと話す話題の準備（子どもへの質問や自分の好きなことなど）
- ☐ 鏡の前で表情の練習（喜怒哀楽の表情・真剣な話をする際の顔・にらめっこ遊びやいないいないばあ遊びを想定した際の顔など）
- ☐ 出勤時刻に合わせ道路や電車の混み具合の確認

● その他
（他に必要な準備がある際、書き込んでご活用ください。）

- ☐ ＿＿＿＿＿＿＿＿＿＿＿＿＿＿＿＿
- ☐ ＿＿＿＿＿＿＿＿＿＿＿＿＿＿＿＿
- ☐ ＿＿＿＿＿＿＿＿＿＿＿＿＿＿＿＿
- ☐ ＿＿＿＿＿＿＿＿＿＿＿＿＿＿＿＿
- ☐ ＿＿＿＿＿＿＿＿＿＿＿＿＿＿＿＿

おつかれさまでした！

実習が終わったら

まとめを書いて実習先へ提出
おおよそ1週間以内に提出する
実習記録の最後に、実習の総合的な反省や振り返りを具体的に書きます。「子どもがかわいかった」「最終日は感動して涙が出た」といった感想のみにならないようにしましょう。

実習先へお礼状を送る
1週間以内にはポストに投函しましょう
実習先に感謝の気持ちを込めてお礼の手紙を送ります（お礼状の書き方➡P.16参考）。

養成校で事後指導を受ける
実習で学んだこと、実習を通して気づいた今後の課題などを養成校で振り返ります。

実習反省会で生かそう！　（書き込んでご活用ください。）

●自分の実習の目標や課題

●達成できた目標や課題

●達成するために意識したことや具体的に行ったことはなにか

●達成できなかった目標や課題・達成できなかった原因、どうしたら達成できた？

●印象に残る子どもや利用者のエピソード

●印象に残る実習先の指導や言葉

●実習中、困難に感じたことと乗り切り方

●これから力を入れたい保育者としての専門性

お礼状の書き方

手紙の基本となる構成は〈❶前文 ❷主文 ❸末文 ❹後付け〉の4つで成り立っています。この形式に沿えば、書きやすく読みやすい手紙に。

❶前文
頭語＋季節の挨拶＋お礼

❷主文
実際に感じたこと、経験して学んだこと、反省したこと、気づいたこと、など

❸末文
最後のお礼＋結語

❹後付け
日付＋署名＋宛名

封筒

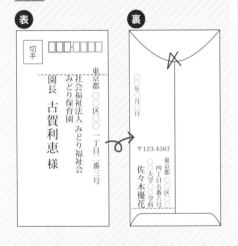

お礼状例

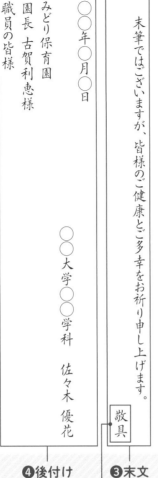

❹後付け

職員の皆様
みどり保育園
園長　古賀利恵様

○○年○月○日

○○大学○○学科　佐々木　優花

結語　敬具

❸末文

末筆ではございますが、皆様のご健康とご多幸をお祈り申し上げます。

先生方から学んだことや、子どもたちの笑顔を胸に、今後も学業に励んでまいります。貴重な経験をさせていただき、本当にありがとうございました。

❷主文

この度は○○日間にわたり、実習の機会を与えていただき誠にありがとうございました。心より御礼申し上げます。

実習中は多くの戸惑いが生じましたが、その都度、先生方から丁寧なご指導やあたたかなお言葉をいただき、感謝の気持ちでいっぱいです。また、いつも全力で遊び、泣き笑う、力いっぱい自分を表現する子どもたちに触れ、私自身も全力で子どもたちに向かっていかなければ、大切なことを学べないと気がつきました。

頭語

❶前文　拝啓

秋晴れの心地よい季節となってまいりました。園の皆様におかれましてはますますお元気にお過ごしのことと、お喜び申し上げます。

お役立ち情報

季節の挨拶例

春（3〜5月）
- あたたかさと寒さが交差する日々が続きます
- 春らしいやわらかな陽ざしを感じるこの頃
- 初夏の爽やかな風が感じられるこの頃

夏（6〜8月）
- 美しいアジサイが見られる季節となりました
- 梅雨も明け、本格的な夏を迎えました
- 強い日差しが感じられるこの頃

秋（9〜11月）
- 残暑が続いております
- 爽やかな秋風を感じるこの頃
- 木の葉がきれいに色づく季節となってまいりました

冬（12〜2月）
- クリスマスソングが流れる季節となりました
- 日ごとに寒さが募ってまいります
- 寒い日が続きますこの頃

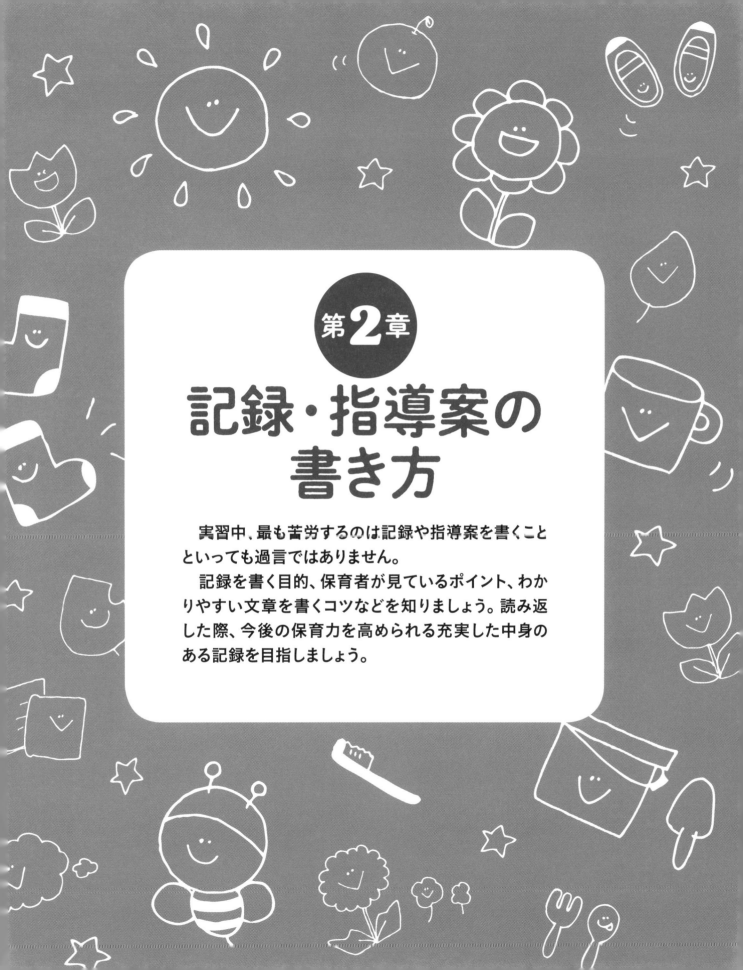

第2章

記録・指導案の書き方

　実習中、最も苦労するのは記録や指導案を書くことといっても過言ではありません。

　記録を書く目的、保育者が見ているポイント、わかりやすい文章を書くコツなどを知りましょう。読み返した際、今後の保育力を高められる充実した中身のある記録を目指しましょう。

実習記録の書き方

記録を書く目的

● 実習では実際の子どもや保育者の姿を通して、養成校で学んだことを理解したり、疑問や課題を見つけたりすることができます。そのような学びを振り返って整理して記述し、記録を通して実習の指導担当者から助言を得て、保育への理解を深めるという目的があります。

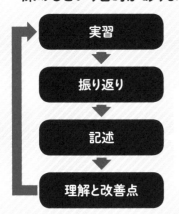

● 反省、課題、疑問
● 改善点を考える
● 子どもや保育への理解を深める

記録の取り扱い

● 記録は自分だけの私的なものではなく、公的な文書です。つまり、自分だけの個人的な記録ではなく、保育所や幼稚園、施設、養成校が共有し、おおやけになるものです。そのため正式な書き方で記し、丁寧に扱い管理する必要があります（文書の書き方➡P.22参考）。また、実習では子どもの言動を書きますが、その際、名前を実名かイニシャルか、もしくはどちらも禁止なのか、ということをオリエンテーションで確かめます。

● 個人情報の取り扱いに注意します。飲食店や公共交通機関など、多くの人の目がある場所で、記録を書いたり読んだりしてはいけません。

● 記録や指導案の書き方や指導は、実習先や担当の先生によって異なります。基本的にはそのとき指導してくださる先生に従いましょう。

記録のポイント

子どもが主体となる表現をする

　指示や命令のニュアンスを含んだ表現は避けたいものです。子どもが主体となるような文を書きましょう。
(例) NG「食べさせる」
　　　OK「食べるよう援助する」
(他➡**P.23**参考)

実習の目標に沿い、要点を絞って書く

　1日の生活の流れをおおよそ押さえた上で、その日の実習の目標に合わせ、ポイントを絞って書きます。出来事すべてを詳しく書こうとすると、睡眠時間を削ったり、何枚も紙を貼りつけたりする事態になりかねません。決められたページ内に1時間以内で書き終えるようにしましょう。

行動の意図や思いを書く

　事実を並べるだけでなく、子どもや保育者がなぜそのような行動をとったのか、背景にある思いや意図を含めて記録しましょう。否定的に捉えず、肯定的に受けとめます。

(例)
NG「食事の準備をしない」
OK「遊びに興味が向き、食事の準備が進まない」(行動の背景)

NG「今日の予定を伝える」
OK「1日の活動の見通しがもてるよう、今日の予定を伝える」(意図)

各欄の書き方

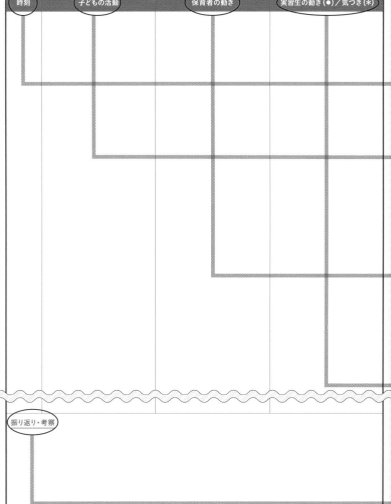

本日の目標
主に学びたいことを明確にして実習に臨むため、自分の目標を設定します。実習の段階に応じて目標を考え、学ぶ視点を具体的にすることで、充実した学びを得られます。
実習初期（保育の流れを学ぶ）・中期（子どもや保育者への考察を深める）・後期（具体的な実践から学ぶ）で目標を変えるとよいでしょう。

時刻
保育の流れがわかるように記入します。それぞれの活動にどのくらいの時間を要したかを把握します。

子どもの活動
主語は子どもにして現在形で書き、現在進行形は避けます。
OK（現在形）給食を食べる
NG（現在進行形）給食を食べている
※本書では生活や活動の見出しに「●」、そのなかの細かい動きの書き出しには「●」をつけています。

保育者の動き
保育者が子どもへどのような関わりや配慮をしたかを具体的に記入します。子どもへの言葉は状況を詳しく書き、言葉をかけた保育者の意図を汲み取り考察します。

実習生の動き（●）／気づき（＊）
実習生の動きや子どもへの働きかけを記入します。どのような意図をもって動いたかも書きます。また、子どもや保育者を観察して気づいたことも記述します。
※本書では実習生の動きの書き出しに「●」、気づきに「＊」をつけています。

振り返り・考察
その日の実習の目標に対応した、振り返りと考察を記述します。思うように動けず失敗だと感じたことも、次につながる大きな学びです。なにに困ったか、今ならどうするかを、具体的に書くことで、指導する保育者から適切な助言を得られます。

保育者が記録を見るポイント

- ☐ 目標に沿った記録になっているか
- ☐ 毎日同じことを書いていないか
- ☐ 子どもの行動の背景を感じているか
- ☐ 保育者の動きや働きかけの意図を考えているか
- ☐ 反省から学び、次に生かそうとしているか

子どもの気持ちや保育者の行動の意味など、目に見えないことを考える姿勢があるとgood!

指導案の書き方

書く目的

● 1日のうちの一定の時間の保育を実習生が担当することがあります。保育は常に計画に基づいて行われますから、実習生も部分実習・責任実習を行う際、実習生も保育者と同様に計画を作成することで、実践力を身につける目的があります。

指導案のポイント

おもしろい遊びのバリエーションをいくつか用意しておく

実習前から絵本、手遊び、ゲームなど、さまざまな活動のレパートリーをもっていると、子どもの姿に合わせて指導案を作成する際、柔軟な対応ができます。本書では年齢別の遊びアイデア、おすすめ絵本、手遊びを紹介しているので参考にしてください。

子どもの興味・関心を反映させる

生活や遊びのなかで子どもがなにに関心を寄せているか、知る必要があります。オリエンテーションの際にも、子どもの様子を保育者に尋ねておくとよいでしょう。

じっくり取り組める活動を

活動を計画する際は、子どもが落ち着いて遊びに向かえるものがよいでしょう。そうすると実習生も子どもの様子をしっかり受けとめ、導くことができます。また、準備が大変な遊び、場や服の汚れを気にしなければならない遊び、競争させる遊びでは、子どもの姿を受けとめるどころではなくなるので、無理のない活動にしましょう。

指導者と相談を重ねる

指導案を作成する際は、指導者と日程、実施するクラスを相談します。その後は、子どもの興味・関心を探ります。可能ならクラスの保育記録や指導計画を見せていただけると参考になるので、尋ねてみましょう。

指導案は事前に指導者に提出し指導を受けます。通常何度か書き直し、よりよいものに仕上げます。提出期限を確かめ、必ず守りましょう。

雨天時も想定する

戸外の活動を予定する場合は、雨天の場合も考えておきます。雨天時ならではの安全対策も指導者と相談します。

立案の流れ＆各欄の書き方

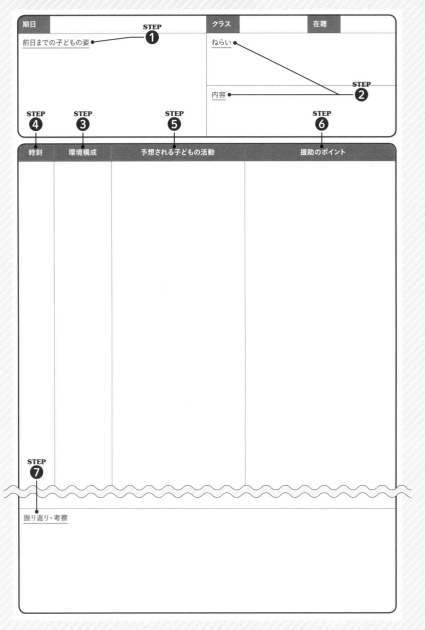

STEP ① 「前日までの子どもの姿」を捉える
子どもがどのような発達段階にいるのか、どのような遊びを楽しんでいるのか、どのようなことに興味・関心をもっているのか、など子どもの姿を捉え具体的に書きます。

STEP ② 「ねらい」と「内容」を考える
「子どものなかに育つもの・育てたいもの」が「ねらい」です。なにかを完成させることや、活動をすることではなく、子どもの気持ちや意志など心の育ちを意識したねらいを定めます。「ねらいに近づくために経験する必要があること・経験させたいこと」が「内容」です。

STEP ③ 「環境構成」を考える
「内容」を経験させるために必要な環境について、図や文で記します。準備する教材や子どもの座る位置、実習生の立ち位置など、空間の使い方も考えます。

STEP ④ 活動の流れと「時間配分（時刻）」を考える
「導入➡主活動➡まとめ」という全体の流れを具体的にイメージし、どこにどのくらい時間をかけるかを決めます。

STEP ⑤ 「子どもの姿」を予想する
ねらいをもとに、自発的に活動をする子どもの姿をイメージして書きます。できるだけ多様な姿を予想しておくとよいでしょう。本書では活動の見出しに「●」、そのなかの細かい動きの書き出しには「・」をつけています。

STEP ⑥ 「援助のポイント」を考える
予想する子どもの姿に対応した、実習生が行う援助や配慮を書きます。

STEP ⑦ 「振り返り・考察」
実践後に自己評価し、反省や学びを記述します。

保育者が「部分実習指導案」を見るポイント

- ☐ 子どもの安全に配慮しているか
- ☐ 現在の子どもの興味・関心にふさわしい活動か
- ☐ 子どもの動きを多様に想定しているか
- ☐ 活動の流れにストーリー（展開や発展）があるか

保育者が「責任実習指導案」を見るポイント

- ☐ さまざまな場面と子どもの状況をイメージできているか
- ☐ 子どもが次の動きを見通せる配慮があるか
- ☐ 「静」と「動」のバランスがとれているか
- ☐ すき間時間（活動と活動の間の時間）の動きを想定しているか

文書の書き方

文書の書き方を学ぶ意味

● 記録・指導案の他、保育者は連絡帳やおたより、長期指導計画や研修報告書など、文書を書く機会が多くあります。正式な書き方のルールや、わかりやすい文章を書くポイントを学びましょう。

基本ルール

□ 黒ペンで書く（※消えるボールペンはNG）
□ 修正液・修正テープは使用しない
□ 誤字、脱字に注意
□ 手書きの際、丁寧な文字で書く
□ 記号（?や!）や絵文字は使用しない
□ 文体は基本、常体（で・ある調）で書く
□ 美化語（「ご挨拶」「おトイレ」）は使用しない

わかりやすい文章のポイント

一文を短くする

　一文とは句点（。）までのひと続きの文です。一文が長いと主語と述語がねじれやすく、伝えたいことがぼやけるので避けましょう。

（例）

> ✕ 登園後の自由遊びの際、ままごとコーナーでKちゃんがいつも仲のよいAちゃんと同じ遊びをしたくてAちゃんの顔をのぞきこみ、嬉しそうにチェーンリングを出して一緒にうどんに見立てて遊ぶことでイメージの共有ができ、満足そうな表情を浮かべていた。

（例）

> ○ 登園後の自由遊びの際、ままごとコーナーでKちゃんがいつも仲のよいAちゃんと同じ遊びをしたくてAちゃんの顔をのぞきこんだ。そして、嬉しそうにチェーンリングを出して一緒にうどんに見立てて遊び始めた。イメージの共有ができ、満足そうな表情を浮かべていた。

考察は「①事実➡②考察➡③結論」の構成で

　この構成で書くと、「振り返り・考察」の文章に筋道ができ、わかりやすくなります。事実を掘り下げる過程が、子どもへの理解を深めます。

（例）

> ①事実……客観的なまなざしで起こったことを書く
> 「子どもたちが力を合わせてペットボトルのおみこしを作り上げた」
> ⬇
> ②考察……なぜだろう、と考える
> 「みんなで相談して描いた下絵がボードに貼ってあったことで、完成のイメージが共有できたからだと考える」
> ⬇
> ③結論……なぜだろう、から結論づける
> 「目で見て何度も確かめられる、視覚的な具体物が子どもには必要だとわかった」

言葉づかいNG・OK例

NG <u>ら抜き言葉</u>（「ら」を省略） ⇒ **OK** <u>正しい日本語</u>

（例）
- ✕ 食べれた
- ✕ 見れた
- ✕ 着れました

- ➡ ○ 食べられた
- ➡ ○ 見られた
- ➡ ○ 着られました

NG <u>保育者目線の表現</u> ⇒ **OK** <u>子どもが主体の表現</u>

（例）
- ✕ 指示する
- ✕ させる

- ➡ ○ 言葉をかける／伝える／知らせる
- ➡ ○ できるよう援助する

NG <u>話し言葉</u> ⇒ **OK** <u>書き言葉</u>

（例）
- ✕ とか言う
- ✕ ちゃんと
- ✕ いろんな
- ✕ ～みたいに
- ✕ たぶん
- ✕ ～だったから
- ✕ あんな／こんな／どんな
- ✕ ～しなきゃ
- ✕ すごい／すごく

- ➡ ○ などと言う
- ➡ ○ きちんと
- ➡ ○ いろいろな、さまざまな
- ➡ ○ ～のように
- ➡ ○ おそらく
- ➡ ○ ～が理由（原因）だと
- ➡ ○ あのような／このような／どのような
- ➡ ○ ～しなくては
- ➡ ○ とても／大変

その他

NG <u>「たり」を1回</u> ⇒ **OK** <u>「たり」は並列で使う</u>（2回以上使用する）

（例）
- ✕ 歌って、手拍子をしたりする

- ➡ ○ 歌ったり、手拍子をしたりする

NG <u>ネガティブな表現</u> ⇒ **OK** <u>ポジティブな表現</u>

（例）
- ✕ 集中力がない
- ✕ できていない子どもがいないか、確かめる
- ✕ ～するように注意をした

- ➡ ○ さまざまなものに興味がある
- ➡ ○ 全員が取り組んでいるか、全体を見守る
- ➡ ○ ～に気づくよう言葉をかけた

保育でよく使用する単語＆間違いやすい漢字と送り仮名

よく使用する単語

あ	玩具（がんぐ）	た	粘土（ねんど）	ま
挨拶（あいさつ）	着替え（きがえ）	尋ねる（たず）	は	満足（まんぞく）
飽きる（あ）	行事（ぎょうじ）	誕生日（たんじょうび）	排泄（はいせつ）	迎える（むか）
椅子（いす）	靴（くつ）	丁寧（ていねい）	履く（は）	ら
か	劇遊び（げきあそ）	な	吐く（は）	連絡（れんらく）
描く（か）	さ	縄跳び（なわと）	掃く（は）	
我慢（がまん）	睡眠（すいみん）	塗る（ぬ）	励ます（はげ）	
噛む（か）	図鑑（ずかん）	濡れる（ぬ）	弾く（ひ）	
環境（かんきょう）	掃除（そうじ）	寝る（ね）	拭く（ふ）	

間違いやすい漢字

×	○	×	○
×捨う	○拾う	×余備	○予備
×楽符	○楽譜	×意織	○意識
×特微	○特徴	×暖助	○援助
×接極的	○積極的	×購成	○構成
×危検	○危険	×記緑	○記録
×堤案	○提案	×期侍	○期待
×俳泄	○排泄	×段偕	○段階
×親聞紙	○新聞紙	×実能	○実態
×一諸	○一緒	×予分	○余分
×体繰	○体操	×伯手	○拍手
×掃徐	○掃除	×節下	○廊下

間違いやすい送り仮名

×	○	×	○
×促がす	○促す	×恥かしい	○恥ずかしい
×座わる	○座る	×尋ずねる	○尋ねる
×難かしい	○難しい	×始じめ	○始め
×危い	○危ない	×短かい	○短い
×膨む	○膨らむ	×断わる	○断る
×喜こび	○喜び	×暖い	○暖かい
×柔かい	○柔らかい	×幼ない	○幼い
×忙がしい	○忙しい	×謝まる	○謝る
×扱かい	○扱い	×起る	○起きる
×偏よる	○偏る	×少い	○少ない
×確める	○確かめる		

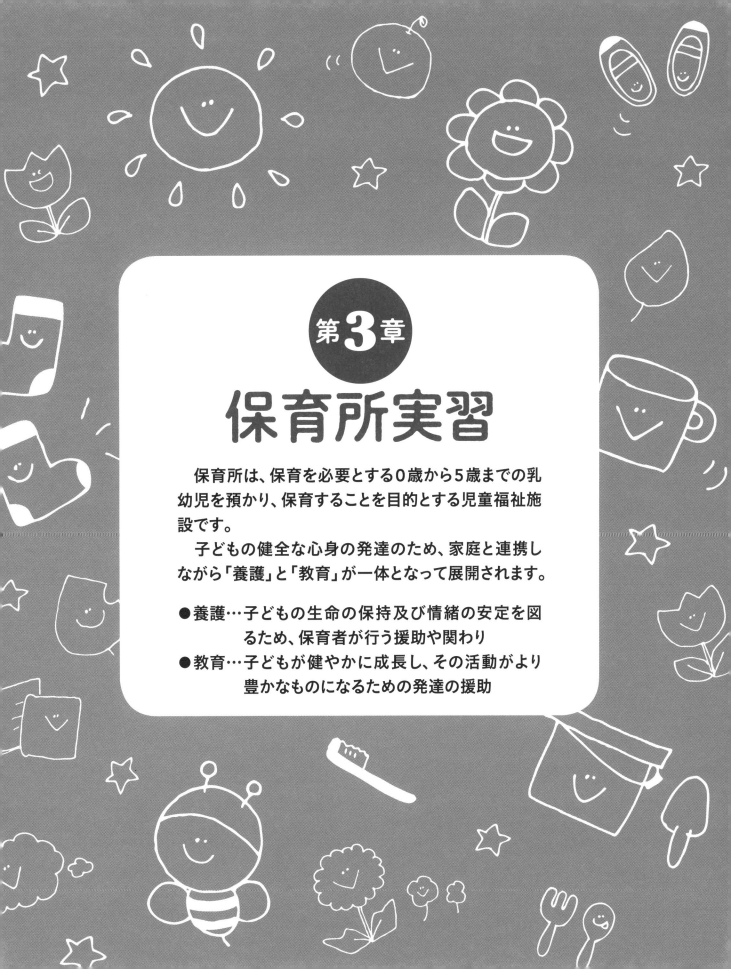

第3章

保育所実習

　保育所は、保育を必要とする0歳から5歳までの乳幼児を預かり、保育することを目的とする児童福祉施設です。

　子どもの健全な心身の発達のため、家庭と連携しながら「養護」と「教育」が一体となって展開されます。

● 養護…子どもの生命の保持及び情緒の安定を図るため、保育者が行う援助や関わり
● 教育…子どもが健やかに成長し、その活動がより豊かなものになるための発達の援助

保育実習

　保育士資格を取得するための必修科目「保育実習I」には保育所実習と施設実習があります。その後「保育実習II」で保育所実習または、「保育実習III」で施設実習（P.112参考）のどちらかを選択します。

必修科目

- ●保育実習I ─── 保育所実習
　　　　　　　└── 施設実習

 2つの実習先に行くよ！

必修選択科目

- ●保育実習II ─── 保育所実習
　　　　　　　or
- ●保育実習III ─── 施設実習

 どちらか1つを選択して行くよ！

実習の過程

●保育実習I─保育所実習
（2週間）

➡

●保育実習I─施設実習
（2週間）

➡

●保育実習II─保育所実習
（2週間）

●保育実習III─施設実習
（2週間）

保育実習I の目的

- ☐ 保育所の基本的な役割や機能を理解する
- ☐ 子どもの発達や心の動きを、観察や関わりを通して学ぶ
- ☐ 保育所での保育の内容や環境について理解する
- ☐ 保育士としての基本的な能力や振る舞いを学ぶ
- ☐ 保育士の仕事内容と社会的な役割を学ぶ

保育実習II の目的

- ☐ 保護者支援や地域子育て支援など、さまざまな役割や機能があることを理解する
- ☐ 観察や関わりを通して子どもの発達や心の動きへの理解を深める
- ☐ 保育の計画、実践、観察、記録及び自己評価などについて実際に取り組む
- ☐ 保育士の仕事内容や社会的な役割について実践を通して理解する
- ☐ 保育士としての自分の課題を明確にする

保育所実習の流れ

いつ、なにをするのか、流れをイメージしておきましょう。
※どこにどのくらい時間をかけるかは、実習先によって異なります。

実習前

- 事前指導…………保育実習の目的を明確にする。記録や指導案の書き方、絵本の読み聞かせなど、具体的な保育実践について学ぶ。
- オリエンテーション…実習先の保育所に伺い、実習についての説明や指導を受ける。保育所の方針や保育内容、確認しておきたいことなどを整理しておく（**P.11参考**）。

実習の前半

- 観察実習…………子どもと保育者の様子を観察することで学ぶ。子どもとの関わりは最小限とし、1日の生活の流れや保育者の動きから子どもとの関わり方、保育者間の連携などについて学ぶ。
- 参加実習…………実際に保育に入り、保育者の補助をしながら子どもと関わることで学ぶ。

実習の後半

- 部分実習…………1日のなかの一部分の保育を実習生が担当する。保育者の指導のもと、指導案を立てて臨む。
- 責任実習…………1日の保育のすべてを実習生が担当する。指導案を立ててから臨む。
- 巡回訪問指導……養成校の担当教員が実習先を訪問し、園側から実習の様子を聞いたり、実習生と話したりする。相談したいこと、助言を受けたいことなどを整理しておく。
- 反省会…………初めに設定した実習の目標やその達成度、学んだことや反省点、今後の課題を整理して臨む（**P.15参考**）。また、感謝の気持ちを具体的に伝える。おおむね実習最終日に行われることが多い。

実習後

- お礼状の送付……実習先へお礼の手紙を送る。実習後1週間以内に出す（**P.16参考**）。
- 事後指導…………養成校に戻り記録や指導案を見返し、実習で学んだことを振り返ってまとめ、仲間と共有する。

保育所の1日
（3歳児クラス）

子 子どもを見る
　ポイント
保 保育者を見る
　ポイント
実 実習生の動き

登所前

見るポイント
- 保 どのように動いているか。
- 保 どんな環境を整えているか。

実 保育室の空気を入れ替える。
実 玩具など物的環境の準備をする。
実 庭の掃除をしながら、子どもが安全に遊べるよう
　大きな石や危険物がないかを確かめる。

登所時

おはよう
ございます！

見るポイント
- 子 顔色、表情、声の出し方、機嫌など、変わったところはないか。
- 保 保護者とどのようなやり取りをしているか。
- 保 子どもへの挨拶や声のかけ方はどのようにしているか。

実 子ども、保護者、一人ひとりの顔を見て明るく挨拶をする。
実 機嫌がすぐれない子には、その理由を保護者に尋ね、
　気持ちを切り替えるきっかけをつくる。

好きな遊び

いくつ
積めるかな？

見るポイント
- 子 どんなことができ、どんなことができないか。
- 子 なにに興味をもっているか。
- 子 どのように他者（友だち、保護者など）と関わっているか。
- 保 子どもと遊びながら、どのような援助をしているか。

実 子どもを受けとめながら、積極的に関わって遊ぶ。

片付け

こちらに
どうぞ

はい！

見るポイント
- 子 自ら片付けに取り組んでいるか。
- 子 所定の場所に片付けているか。
- 保 子どもにどのような言葉をかけているか。

実 子どもに言葉をかけながら、一緒に片付ける。

排泄・手洗い・うがい

ガラガラ

見るポイント
- 子 手洗い、うがいを丁寧にしているか。
- 子 服に水がかかって濡れた子どもや、排泄に失敗した子どもはいないか。
- 子 トイレの水は流したか。
- 保 どのような言葉をかけて援助しているか。

実 感染症予防と清潔について言葉をかける。
実 自ら排泄へ行けるよう促す。

主な活動

みてー

大きな口！
強そう
だね

見るポイント
- 子 活動に楽しく取り組んでいるか。
- 子 遊びのどこに興味をもっているか。
- 保 活動の進め方や、子どもへの説明には、どのような工夫があるか。

実 困っている子どもには、必要に応じて声をかけ援助する。
実 ねらいに近づくよう配慮しながら子どもと一緒に遊びを楽しむ。

昼食

おいしいね

見るポイント
- 保 配膳の方法、ルールはあるか。
- 保 準備、配膳時に、保育者がどのような流れで動いているか。
- 子 子どもが食事を楽しんでいるか。
- 子 食器やスプーン、フォークを正しく扱っているか。
- 子 食べ物をのどに詰まらせる、むせるなど、異常はないか。

- 実 席に座るよう促す。
- 実 配膳する。
- 実 どのくらいの量を食べられるか、子どもに尋ねる。
- 実 子どもとメニューや食材について会話をしながら、楽しく食べる。

昼寝の準備

見るポイント
- 子 準備が遅れた子どもはいないか。
- 子 興奮している子どもはいないか。
- 保 どのように言葉をかけているか。

- 実 昼寝の時間であることを伝える。
- 実 子どもの布団を準備する。
- 実 子どもの着替えを見守り、必要に応じて援助する。
- 実 部屋の電灯を消し、カーテンを閉める。

昼寝

ｚｚｚ...

見るポイント
- 子 安心して眠っているか。
- 保 子どもの就寝中、なにをしているか。

- 実 眠った子どもに異変がないか、寝息をたてているかなど見守る。
- 実 寝付けない子どもには、眠れるようにそばで援助をする。
- 実 整理整頓、製作の準備など、保育者に指示された作業をする。

起床

おはよう

見るポイント
- 子 寝起きで足元がふらつく子どもはいないか(衝突の危険)。
- 子 ぐずる子どもはいないか。
- 保 どのような言葉で、子どもに起床を促しているか。

- 実 子どもに起床を促す。
- 実 布団を片付ける。
- 実 起きた子どもには、排泄へ行くよう促す。
- 実 子どもの着替えを見守り、必要に応じて援助をする。

おやつ

私も！ クッキーだいすき！

見るポイント
- 保 どのような流れでおやつを準備しているか。
- 子 楽しんで食べているか。
- 子 おやつをのどに詰まらせる、むせるなど、異常はないか。
- 保 子どもとどのような会話をしているか。

- 実 席に座るよう促す。
- 実 配膳する。
- 実 子どもと会話をしながら楽しく食べる。

好きな遊び

大きな桃が流れてきました

見るポイント
- 子 どんなことができ、どんなことができないか。
- 子 なにに興味をもっているか。
- 子 どのように他者(友だち、保育者など)と関わっているか。
- 保 子どもと遊びながら、どのような援助をしているか。

- 実 子どもを観察しながら、積極的に関わって遊ぶ。

降所の準備

さようなら さよなら またあしたあそぼうね

見るポイント
- 子 持ち帰りの製作物やプリントの忘れ物はないか。
- 保 子どもにどのような言葉をかけているか。
- 保 保護者とどのようなやり取りをしているか。
- 保 保育所での子どもの様子を、保護者へどのように伝えているか。

- 実 降所の準備をするよう促す。
- 実 今日1日を振り返りながら明るく、挨拶をする。

０歳児 (保育所)

月齢差による一人ひとりの発達の違いや、
発達段階に合わせた保育者の援助を学びましょう。

国が定める職員配置基準＝子ども３人：保育士１人 (保育士は１クラス２名以上配置することが原則)

０歳児クラスで学びたいこと

● 授乳や着替え、おむつ交換などの保育技術を学びましょう。

● 働き始めるとすぐ求められる保育技術です。実習時から保育者の動きを観察し、手順やコツを習得しましょう。

● 月齢によって異なる、一人ひとりの生活リズムや発達の違い、それに伴う援助の方法を知っておきましょう。

● 同年齢でも、生まれた月によって発達に大きな違いがあることを学びます。

● 「このおもちゃ楽しいね」「おむつ交換するね」など、子どもの行為や大人の働きかけを、意識して言葉で子どもに伝える必要性を学びましょう。

● 気持ちを代弁したり、行為に言葉を添えたりすることは、話すことのできない乳児に安心感を与え、信頼関係を築きます。また、物事の理解や言葉の獲得にもつながります。

● 抱っこやおんぶなどのスキンシップ、指さしや喃語への応答、丁寧な育児など、さまざま場面で子どもの自己肯定感や基本的信頼感を育むことを学びましょう。

● 自己肯定感や基本的信頼感は、これから生きていくための基礎となる重要な力です。この時期から保育者は意識して育む必要があります。

配慮のポイント

● 子どもの姿勢が不安定な時期です。転んでけがをすることのないよういつでも手が差し伸べられる位置や体勢でいましょう。

● 子どもに言葉をかける際は、子どもに聞こえる声の大きさで、穏やかに話しかけましょう。

● 人見知りがある子どもには、急に近づいたり目を合わせたりするなど、無理に関わることは控えましょう。子どもが関心をもちそうな玩具を見せ、少しずつ関わるなどの配慮をします。子どもが安心して関われる保育者と笑顔でコミュニケーションをとり「この人は大丈夫だ」と思えるようにするのもひとつの方法です。

先輩からのメッセージ

　園によって０・１歳児は合同で過ごす活動もあります。担当クラスだけでなく、園内の地図や各クラスの人数を確認しておきましょう。
　初めてだらけの実習はできなくて当たり前！　学びの目的をしっかりもって、失敗を恐れずのびのび子どもたちとの関わり合いを楽しんでくださいね。

遊びのアイデア

いろいろなさかなと遊ぼう

➡ 指導案はP.34

0歳児

用意するもの
● 気泡緩衝材 ● タオル ● カプセルトイのケース ● ネットタイプのスポンジ ● たこ糸 ● 油性ペン ● バケツ

❶ 気泡緩衝とタオルで包んだカプセルトイのケースと、ネットタイプのスポンジをたこ糸で結んでさかなの形にする。油性ペンで顔を描いてバケツ（砂場用）に入れておく。

❷ さかなをバケツから出して見せ、触ったり泳ぐ動きをまねしたりして遊ぶ。

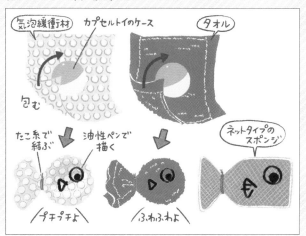

※たこ糸はほどけないよう、きつく結びましょう。

引っぱり遊び

➡ 指導案はP.35

用意するもの
● 綿ロープ ● 洗濯ばさみ ● ゴム ● すずらんテープ ● オーガンジー ● 新聞紙 ● ビニール袋

❶ 洗濯ばさみを結び付けたゴムを綿ロープに結び、保育室の柱などに結んで新聞紙やすずらんテープを吊るす（柱がない場合は、保育者と一緒に手で持つ）。

❷ ぶら下がった素材を引っぱったり、感触を楽しんだりして遊ぶ。

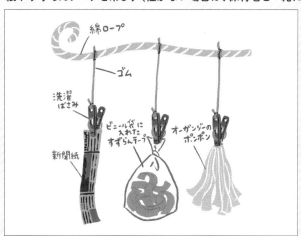

⓪歳児 記録例（保育所）

期日	20○○年8月20日（金）	クラス	0歳児　たんぽぽ組
天候	晴れ	在籍	12名（出席12名／欠席0名）

本日の目標
- 子ども一人ひとりの様子を観察し、遊びを通して関わりをもつ。🔍1
- 保育者のおむつ交換・授乳遊びの援助を知る。

時刻	子どもの活動	保育者の動き	実習生の動き（●）／気づき（*）
8:30	●順次登所 ・検温、水分を補給する。 ・（Aちゃん）前日、体調不良で休み。発熱はないが、鼻水が多く、機嫌が悪い。	・挨拶をする。 ・健康観察、検温を行う。 ・Aちゃんの保護者から、通院状況や食事量などを聞き取る。	*登降所表や保護者からの聞き取りによって、生活リズムや個々の状況を確認し、24時間を見通した援助ができるよう配慮していると感じた。🔍2
9:30	●おむつ交換 ・（Bちゃん）おむつ交換を嫌がり、起き上がろうとする。 ●授乳 ・（Cちゃん）授乳が4時間以上空くので、ミルクを飲む。	・Bちゃんに「ボタン外すよ」など、言葉をかけながらおむつを交換する。 ・個々の生活リズムに合わせてミルクを準備し、授乳をする。	・ガラガラを持つ子どもと一緒に遊ぶ。 *おむつ交換などの援助は、温かな関わりによって、信頼関係を深める行為だとわかった。
10:00	●午前の活動 （間取り図） ・（Dちゃん）穴落としを使ってひとり遊びをする。 ・（Bちゃん）わらべうたなどのふれあい遊びを楽しむ。	・満足するまで遊べるよう、手の届く所に遊具（穴に落とすペットボトルのふた）を置く。 ・個々の生活リズムや発達に応じて、戸外に出て外気浴を行い、就寝時と起床時のメリハリをつける。	*玩具を握り、操作して遊ぶ時期なので、安全面に配慮し破損はないかなど、随時確認することを知った。 ・Bちゃんとわらべうた遊びをしたが人見知りをされて泣かれ、それ以上の関わりがもてず残念だった。🔍3
11:00	●午前食 （食器配置図　主菜・副菜・ごはん／コップ／小皿／スプーン） ・発達に応じて、保育者と1対1、1対2で食事をする。 ・（Cちゃん）食べ物を咀しゃくせず、口に入れ吸う。 ・（Gちゃん）歩行が安定したので、椅子に座って食べる。	・月齢や発達に応じて、離乳食（初期〜完了期）の準備をする。 ・Cちゃんは咀しゃくが弱いので、食べるテンポや食事量に配慮して援助を進める。 ・Gちゃんは姿勢を保つことが難しいので、安定して食事ができるよう、背もたれにマットを入れる。	*離乳食は月齢を目安にして、個々の状況に合わせて進めることがわかった。🔍4 *抱っこ食べの際には姿勢が安定するよう支え、椅子に座って食べる際には足底が床につくようにすること学んだ。 *食事の手順を統一することで、子どもが自分の行為に見通しがもてると知った。
12:30	●午睡 ・着替えをして、ベッドや布団で休息をとる。 ・（Iちゃん）眠くないため、保育者とベランダで絵本を見る。	・カーテンを閉めて暗くする。 ・うつぶせ寝や呼吸の状況など、睡眠時の安全確認（記録）をする。🔍5	*5分ごとの呼吸のチェックやうつぶせ寝になった子どもへの対応など、睡眠時には目を離さず対応する。

実習のポイント

🔍1 乳児保育の基礎「個別化」
発達を学び、子どもの育ちに見通しをもちますが、一人ひとりの違いや個性などを、目の前の子どもから学びましょう。

🔍2 保護者対応の視点
送迎時の保護者との関わりは、子ども理解のために重要です。保護者とどのような話をして、子どものなにを観察しているのかなど学びましょう。

🔍3 原因を考える姿勢
泣かれると「失敗」と捉え、その後、積極的に関わることに躊躇しがちですが、乳児期の人見知りは発達の証です。失敗だと思わず、なぜ泣いたのか、次の関わりをどうするかを考え、実践しましょう。

🔍4 離乳食の進め方
離乳食は0歳児クラス特有のものです。どのような発達や姿を目安に離乳食を進めるかなど、専門的な知識を、実際の食事内容から学びを深めましょう。

🔍5 入眠時の配慮
保育者の行為の意味を知ることが求められます。事前にSIDS（乳幼児突然死症候群）などについても学び、呼吸チェックやうつぶせ寝防止以外の配慮も、観察して記録をします。

時刻	子どもの活動	保育者の動き	実習生の動き（●）／気づき（＊）
14:00	●おむつ交換・沐浴 ・（Aちゃん）前日に体調不良だったため、おむつ交換後に全身の観察をし、検温をする。 ・（Jちゃん）あせもがあるので、沐浴で汗を流す。	・おむつ交換や着替えの際に身体の様子を丁寧に確認する。 ・沐浴時に、発疹などがないか、脇の下や背中など、衣類で見えにくい場所も確かめる。	＊Kちゃんのおむつ交換を実際に行い、手順と言葉かけ、健康観察などの重要性について知ることができた。🔍6 ・トイレ掃除や洗濯をする。
14:30	●午後食 ・（Dちゃん）自分でエプロンをつけ、手を拭く。 ・（Kちゃん）スプーンや食器を自分で持とうとする。	・Dちゃんはエプロンを自分で被ったり、おしぼりで口を拭くので、本人の意欲を大切にし、不十分なところだけ援助をする。 ・Kちゃんには子ども用のスプーンを準備し、大人は介助用のスプーンで援助をする。	＊DちゃんやKちゃんの様子を観察し、食事介助は食べさせるだけでなく、子どもが主体的に食事に関われるよう、言葉をかけたり、自分でできることを増やせるような援助が大切だと感じた。
15:30	●午後の活動 ・（Bちゃん）つかまり立ちができるようになり、窓をのぞいて外を見る。 ・（Eちゃん、Fちゃん）同じボールを欲しがり、取り合いになる。	・Bちゃんがつかまり立ちで遊べるよう、壁面に遊具を設置する。🔍7 ・Eちゃんの遊びたい気持ちを受けとめ、Fちゃんと同じ遊具を用意する。	＊物の取り合いをよくない行為と捉えず、「同じ」ということを子どもが楽しみ、子ども同士の関わりがもてるようにすることが重要だと思った。
15:50	●水分補給・おむつ交換 ・（Cちゃん）ミルクを飲む。	・離乳食が始まっていないCちゃん（4か月）には授乳をする。	・水分補給のためのお茶の準備をする。
16:00	●午睡 ・1時間以内で午睡をとる。 ・（Iちゃん）午前睡がとれなかったので眠くなりぐずるが、布団では眠れない。	・夜の睡眠の妨げにならないよう、午睡時間を配慮する。 ・Iちゃんが安心して眠れるよう、抱っこして入眠援助する。	＊眠れるようにトントンをしたり、抱っこをしたりする必要がある子どももいれば、布団で一人で眠れる子どももいることを知った。
16:30	●おむつ交換・自由遊び ・（Jちゃん）ベランダで箱押しをして楽しむ。 ・（Kちゃん）保育者のまねをしてタオルをたたむ。	・お迎え前におむつ交換をする。 ・登降所表に必要事項を記録し、保育者間で申し送りをする。	・着替えた衣類やエプロンなどを個人のロッカーに返却する。 ＊時差勤務があるので、保育者同士の連携が必要だと感じた。
17:00	●順次降所 ・保育者や手を振る人にバイバイと手を振ったり、お辞儀をしたりして、挨拶をする。	・お迎えの際に、1日の様子を保護者に伝える。	・子どもと保護者に挨拶をする。🔍8 ＊降所時は、育児の質問や相談などができる機会だと学んだ。

振り返り・考察

　1日の流れや子どもの名前も覚え、全体を見ることができるようになった。
　今日の目標のおむつ交換の援助では、言葉かけの大切さや子どもとの信頼関係がいかに重要か学ぶことができた。わらべうた遊びではBちゃんに泣かれてしまい、泣きやませることばかりに慌ててしまったが、「すぐに仲良くなろうとせず、他の子どもと楽しそうに遊んでいる姿をBちゃんに見せれば、少しずつ関係がつくれるようになるから、慌てないように」とアドバイスをいただき、安心した。
　自分がどうすればよいかばかりが気になっていたが、子どもの気持ちを受けとめ、安心できる存在だと感じてもらえるよう関わっていきたい。

🔍6 **主体性をもって実習に臨む**

実習でなくてはできないことに積極的に挑戦する意欲をもち、おむつ交換や着替えなどの生活習慣の援助をしましょう。わからないことや、うまくいかないことについては、積極的に質問しましょう。

🔍7 **遊びへの援助**

あやし遊びやまてまて遊びなど、0歳児クラスでよくする遊びの目的や、子どものどんな育ちを援助しようとしているのかなどを理解しましょう。保育者の働きかけの意図や、その際の注意点など、直接質問したり、記録に書いて尋ねるなど学びを深めましょう。

🔍8 **「保育者」としての振る舞い**

子どもにとっても、保護者にとっても、実習生は「保育者」です。積極的に挨拶し、表情や姿勢などにも気をつけましょう。

先輩からのメッセージ

月齢や発達段階に合ったスキンシップの方法、おむつ交換のコツなど、先輩保育者の保育技術を見たり聞いたりして、どんどん盗んでください。積極的に質問されると保育者も嬉しいです。

0歳児 1歳児 2歳児 3歳児 4歳児 5歳児

0歳児 部分実習・指導案例（保育所）
いろいろなさかなと遊ぼう（遊び方➡P.31）

実習のポイント

期日	20○○年8月18日（水）	クラス	0歳児　もも組	在籍	10名

前日までの子どもの姿	ねらい
● 4月入園の子どもは園での生活に慣れ、安心した様子で保育者と関わっている。 ● 腹ばいや座った姿勢をとりながら、玩具をいじって遊ぶ。 ●「はよ～（おはよう）」「もぐもぐ」など意味のある言葉を言う子どももいる。	● 感触の違いに興味をもち、じっくり味わう。
	内容
	● さまざまな感触の手作り玩具に触れて、楽しく遊ぶ。　🔍1

🔍1 発達に合った素材
触れて心地よいと感じるような素材が、乳児には魅力的です。顔に近づけて遊ぶことも予想されるので、柔らかく触れても傷つくことのないような素材を選ぶことも大切です。

時刻	環境構成	予想される子どもの活動	援助のポイント
10:00	カプセルトイのケースと気泡緩衝材のさかなやタオルで作る たこ糸で結ぶ ネットタイプのスポンジ（顔にふれても傷つかないように） ● それぞれのさかなを4つずつ作って、バケツに入れておく。	● タオルのさかなに注目する ● 実習生の声に気づき、興味のある子どもは注目したり、近づいて集まってきたりする。 ●「こんにちは」と声を出したり、頭を下げたりする子どももいる。 ● 玩具の動きにつられ、一緒に動く子どももいる。 ● 気泡緩衝材のさかな・スポンジのさかなに注目する ● 次になにが出てくるか、興味をもって、実習生を見る。 ●「プチプチ～」「ぐにゃぐにゃ～」など、まねをして言おうとする子どももいる。	●「今日はさかなさんと遊ぼう」と言ってタオルのさかなを出し、子どもに見せる。 ●「これは『ふわふわさかな』だよ。みなさんこんにちは」と、頭を下げて挨拶をする動きを見せる。 ●「ふわふわ～すいすい～」と言いながら、泳ぐ動きを見せてバケツにしまう。 ●「次はどんなさかなが出てくるかな?」と言いながら、気泡緩衝材のさかなを少しずつバケツから出す。🔍2 ●「あれ。さっきのさかなとちょっと違う。『プチプチ』ってしているな」などと、感触の違いを言葉にして伝える。 ●「あれ? 今度は『ぐにゃぐにゃ』だな」と言いながら、スポンジのさかなを出し、スポンジを握る動きも見せる。
10:05		● 自由に触る ● 興味をもっている子どもは自分から手を伸ばして、玩具を受け取る。 ● さかなを指で触ったり、手のひらで叩いたり、いろいろな手の動きで楽しむ。	● 興味をもっている子どもに、「○○ちゃんも触ってみる?」と声をかける。🔍3 ● 子どもたちが手に取って遊べるように、手作り玩具のさかなを渡す。 ●「ふわふわだね」「プチプチだね」「ギュッて握れるかな」など、触っている素材の違いに合わせてかける言葉を変える。
10:15		● 遊びを終える ● それぞれの感触を十分に楽しみ、満足する。 ● 別の遊びに移る子どももいる。 ● まだ触っていたい子どももいる。	●「いろいろなさかなが出てきておもしろかったね」と声をかけ、片付ける。 ● まだ触っていたい子どもには、そのまま渡しておき、遊びを見守る。

🔍2 興味を引き出す働きかけ
言葉を添えたり動きを工夫するなどして、子どもが興味をもてるようにしましょう。

🔍3 子どもの主体性
興味をもっている子どもへ働きかけることで、主体性を大切にすることができます。

自己評価のポイント
● 用意した手作り玩具に興味をもてるような働きかけはできたか
● ねらいを達成するための言葉をかけられたか

0歳児 部分実習・指導案例（保育所）
引っぱり遊び（遊び方→P.31）

（遊び方→P.31）

実習のポイント

期日	20○○年9月10日（木）	クラス	0歳児　りす組	在籍	12名

前日までの子どもの姿
- 興味をもった玩具に手を伸ばし、触ろうとする。
- 活発に動き、行きたい場所にはいはいや伝い歩きをして行く。

ねらい
- 素材の感触を楽しむ。
- ぶら下がっている物に好奇心をもち、手を伸ばす。

内容
- ぶら下がっているさまざまな素材に手を伸ばし、触ったり引っぱったりすることを楽しむ。

時刻	環境構成	予想される子どもの活動	援助のポイント
10:00	●綿ロープに新聞紙などを洗濯ばさみで挟んだ物をゴムで結び保育室の柱にくくりつけておく。 綿ロープ／ゴム／洗濯ばさみ／新聞紙 ビニール袋／すずらんテープ／オーガンジー 綿ロープの端をくくりつける ●予備の素材も作っておき、袋などにまとめておく。	●ぶら下がった新聞紙やすずらんテープに気づく ・実習生が設置している最中に、ぶら下がったしかけに気づく。 ・違う方向を向いていて、しかけに気づかない子どももいる。 ・実習生がしかけを触る音に反応し、はいはいで近くに来る。◎1 ●ぶら下がった新聞紙やすずらんテープに手を伸ばし、つかんで引っぱる ・実習生の様子を見て、同じように引っぱろうとする。 ・新聞紙やすずらんテープの感触を楽しむ。 ・座ったまま引っぱる子どもと、立ち上がって引っぱる子どもがいる。 ●洗濯ばさみから、素材が外れる ・引っぱった素材が洗濯ばさみから外れ、声を出して嬉しそうにする。 ・引っぱる動きを引き続き楽しんでいる子どももいる。 ・洗濯ばさみから外れたしかけを触り、感触を楽しむ。 ・他にぶら下がっているしかけも引っぱり、外そうとする。 ●遊びを終える ・引っぱった素材が取れることを喜ぶ。 ・素材を十分に引っぱり満足する。 ・新聞紙やすずらんテープをまだ触っていたい子どももいる。	・新聞紙やすずらんテープを指さし、「たくさんぶら下がっているね」「触ってみようか」と言葉をかける。 ・ぶら下がっているものを手で持ち、子どもに引っぱる様子を見せる。 ・すずらんテープが入ったビニール袋を触り、シャカシャカとこすれる音を出す。 ・「新聞紙に届くかな」「シャカシャカするね」と声をかけ、しかけを引っぱる様子を見守る。◎2 ・夢中になっている子ども同士がぶつからないよう注意して見守る。 ・立ち上がる子どもがバランスを崩して転ばないよう、支えられる位置で見守る。 ・「シャカシャカ取れたね」「嬉しいね」と言葉をかけ、しかけが外れたことを一緒に喜ぶ。◎3 ・予備のしかけを袋から出し、空いた洗濯ばさみに挟む。 ・しかけを指さして「次はどれを引っぱろうか」と声をかけ、他のしかけに興味がもてるように促す。 ・「引っぱるの楽しかったね」「たくさんシャカシャカしたね」と声をかけ、しかけを片付けて遊びを終わる。 ・素材をまだ触っていたい子どもには、洗濯ばさみから外した状態で渡しておく。
10:05			
10:10			
10:20			

◎1 いろいろな子どもの姿を想定

0歳児は個々の発達状況も大きく異なるので、さまざまな子どもたちの姿をイメージしておく必要があります。

◎2 感覚を言葉にする

新聞紙やすずらんテープを触った手触りを「シャカシャカするね」と言葉にしています。このように子どもの味わった感覚を言葉にすることで、子ども自身の気づきや好奇心を育むことへつながります。

◎3 共感する姿勢

子どもの喜びや驚きに応答して関わることで、他人に共感してもらう嬉しさを感じます。こういった経験を積み、信頼関係がつくられます。

自己評価のポイント
- 素材や感触の違いを感じて楽しんでいたか
- 子どもの心の動きに合わせた言葉をかけられたか

1歳児 (保育所)

歩行が始まることにより、
活動範囲が広がる子どもの姿を学びましょう。

国が定める職員配置基準＝子ども6人：保育士1人 (保育士は1クラス2名以上配置することが原則)

1歳児クラスで学びたいこと

● 1歳児の発達に合わせた全身運動遊び（はいはい、追いかけっこ、引き車、押し車を動かす、など）や感触遊び（砂、水、粘土など、さまざまな素材に触れる）を会得しましょう。

→ ● 全身運動や感触遊びを通して、身体機能や身体感覚が育まれます。これらが育つことは、自分を表現する手段を手に入れる過程でもあります。

● つまんだり、回したり、ねじったりなど、手指の操作・目と手の協応動作（目で見たものに、ねらいを定めて手を伸ばす、など）を促す遊びを知りましょう。

→ ● 手指の操作・目と手の協応動作が育まれることで、スプーンの使い方が巧みになり食事もスムーズになり、生活面も向上します。自分の思い通りに操作できる嬉しさから、意欲や探究心、好奇心という非認知能力も育まれます。

● 自我の芽生えとともに、生活や遊びのなかに表れる子どもなりのこだわりや手順を学びましょう。

→ ● どのようなこだわりや手順があるかを知ろうとすることで、子どもの気持ちに寄り添ったり共感したりする姿勢が身につきます。子どもと信頼関係を築くきっかけにもなります。

● かみつきの原因や対処の方法を知りましょう。

→ ● 言葉での主張が難しいこの時期、かみつくことがあります。かみつきが現れる場面はある程度予測できるので、未然に防ぐ環境設定や働きかけを学びましょう。

配慮のポイント

● 思い通りにならないと、泣いたり怒ったりする子どももいます。理由がわかる場合は「○○ちゃんは△△がしたかったんだね」など、言葉にして思いを受けとめ、一緒に解決の方法を探ることで気持ちも整理されます。理由がわからない場合は周りにいた友だちや、保育者に尋ねましょう。自分だけでは知ることのできない、子どもの心の動きを知るチャンスです。

先輩からの
メッセージ

一人ひとりに手がかかる1歳児クラスでは、担任の保育者から「ちょっと時間をつないでおいて」と依頼されることも。自分が何度も練習して読んだ絵本やお気に入りの手遊びがあると、いざという時に便利です。緊張するとは思いますが、「練習したぞ」という自信があれば大丈夫！　明るく笑顔で積極的に！

新聞ひらひら遊び

⇨ 指導案はP.40

用意するもの
- ●新聞紙、またはチラシ　●ストロー　●セロハンテープ

❶新聞紙を縦にビリビリと細く裂く。

❷裂いた新聞紙をストローの先にテープで貼る。

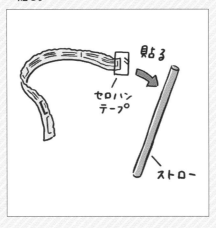

❸ストローを持ち、新聞紙をひらひらさせて遊ぶ。

ぱくぱくぺーくん

⇨ 指導案はP.41

用意するもの
- ●ペットボトル（500㎖サイズ）　●カラービニールテープ　●厚紙　●油性ペン

❶ペットボトルの側面をカッターで切り抜いて穴を開ける。ビニールテープで切り口を保護し油性ペンで顔を描く。厚紙を1㎝幅に切り、カラービニールテープを巻いておく。

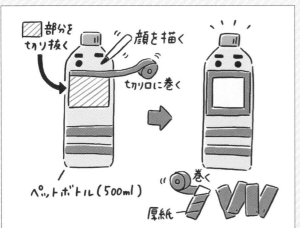

❷厚紙をペットボトルの口に「パックン」と言いながら落として遊ぶ。

1歳児 記録例（保育所）

期日	20○○年10月5日（火）	クラス	1歳児　はな組
天候	晴れ	在籍	18名（出席16名／欠席2名）

本日の目標
- 遊びでのやりとりを通して、クラス内の子どもの理解を深める。
- 保育者の援助の方法を観察し、その意図を考える。

実習のポイント

🔍1 アレルギー対応

実習先がどのようなアレルギー対応をとっているのか、確認しましょう。園によっては、原因の食物を給食から除いたり、弁当対応をしていたりします。また、トレーの色を変える、離れた所で食事をとるなどの対応をとっている園もあるでしょう。さまざまな配慮とその意図を学びましょう。

時刻	子どもの活動	保育者の動き	実習生の動き（●）／気づき（＊）
8:30	●順次登所 ・検温、手指消毒をする。 ・（Aちゃん）保護者を後追いして泣く。	・笑顔で挨拶をする。 ・健康観察、検温、消毒を行う。 ・Aちゃんを抱っこし、気持ちを切り替えられるよう遊びに誘う。	＊登所後、気持ちの切り替えが難しい子には、楽しい活動に誘う働きかけが大切だと感じた。
9:30	●午前のおやつ ・補助食（軽食／牛乳・ビスケット）を食べる。 ・水分補給をする。	・軽食を準備し、順次援助をする。 ・アレルギーがある子どものおやつは別のトレーに準備し、誤食がないようにする。🔍1	・手を拭くなど、軽食のため援助をする。 ・Cちゃんがおしゃべりに夢中になり、おやつがなかなか進まず対応に困った。🔍2
	●排泄 ・（Cちゃん）便器に座って排泄する。日中は布パンツで過ごす。 ・（Dちゃん）便器に座るのを嫌がるのでおむつを着用する。	・Dちゃんはおむつで対応し、状況をみてトイレでの排泄に誘うことを担任間で確認する。	＊Dちゃんへの対応を保育者間で共有し、子どもの気持ちを大切にすることが重要だとわかった。
10:00	●戸外で砂遊び ・（Fちゃん）繰り返しスコップで容器に砂を出し入れする。 ・（Fちゃん、Gちゃん）草花や虫などの生き物に触れる。 -（Hちゃん）他児から離れて探索活動を楽しみ、保育者の声かけで近くへ戻る。🔍4	・取り合いにならないよう、スコップを人数分用意しておく。🔍3 ・Fちゃん、Gちゃんの気づきや発見に共感する。 ・安全に配慮し、そばを離れたHちゃんに「ここにもいいものあるよ」と声をかける。	・探索活動をする子どもの安全を見守りながら遊ぶ。 ＊探索活動を楽しむ姿を肯定的に捉え、子どもの主体性を大切にする保育者の視点を学んだ。
10:50	●入室 ・（Nちゃん）「まだ遊びたい」と入室を嫌がる。	・「昼食まで、もう少しお部屋で遊べるよ」と、入室を促す。	＊次の活動への見通しをもてる言葉かけが大切だと感じた。
11:20	●昼食 ・食事までは自由に遊ぶ。 配膳台　保　机・・・机　保 ・（Jちゃん、Kちゃん）席に座り、昼食を食べる。	・食事介助に入らない保育者が遊びの見守りや排泄の援助をする。 ・朝食時刻が早いJちゃんとKちゃんを、先に食事に誘う。 ・Aちゃんに、保育者が「もうすぐAちゃんの順番になるから	＊生活リズムや発達の状況に合わせて食事の順番が決められている。数人ずつで食事をとることで、丁寧な関わりで、ゆっくりと食事の援助ができると思った。 ＊早く食べたがる子どももいる

🔍2 援助に必要な言葉かけ

楽しい食事の雰囲気と、食事に集中して気持ちよく食べることの両立は難しいことです。保育者がどのように関わっているのか、観察したり質問をしたりして自分なりに考え、子どもと関わりましょう。

🔍3 環境設定の目的

用意するスコップの数も、保育者の考えがある環境設定のひとつです。環境のすべてに保育者の考えがつめこまれています。どんな考えのある環境なのかを考えてみましょう。

🔍4 子どもの姿と発達理解

「探索活動」とは、ただうろうろと歩く姿ではなく、物と触れ合い、周囲への興味・関心が深まる発達の姿です。子どもへの理解を深めるためにも実習前に学習した内容と照らし合わせたり必要に応じて保育者に質問したりすることが大切です。

時刻	子どもの活動	保育者の動き	実習生の動き（●）／気づき（＊）
	・（Aちゃん）食事の順番ではないが、食べたいと泣く。	ね」「一緒に遊ぼうね」と声をかけ対応をする。	が、保育者の対応で遊びに戻れる。1歳児でも見通しがもてるのだと感じた。
12:30	●午睡 ・食事後、順次午睡の準備をし、布団へ入る。 ・（Bちゃん）眠れないが布団に横になり休息をとる。 ・（Cちゃん）眠れず他の子どもに声をかける。	・他児の睡眠の妨げにならないよう、Cちゃんのそばで寄り添い、優しく身体をさする。	・決まった場所に布団を敷き、安心して眠れるようにする。 ・Dちゃんにトントンするとおしゃべりを始めたので、対応を担任に代わってもらう。📖5 ・トイレ掃除をする。
14:30	●起床・着替え ・（Cちゃん）入眠が遅かったので、なかなか起きられない。 ・（Kちゃん）汗をかいたので、肌着も着替える。 ・起床した子どもから自由に遊ぶ。	・夜の睡眠に支障が生じないよう、Cちゃんに声をかけ、抱っこして起床を促す。 ・Kちゃんの着替えの援助をする。 ・おやつの準備と遊びの見守りの役割を分担する。	＊1日の生活リズムを見通して、起床する時刻に配慮が必要であることがわかった。 ・起床した子どもの着替えや排泄の援助を行う。📖6 ・配膳の手伝いをする。
15:00	●おやつ 配膳台 机 机 机 机（図） ・席に座り、おやつを食べる。 ・（Bちゃん、Cちゃん）「いっしょ」とおやつを見比べ、一緒に食べることを楽しむ。	・おやつの準備をする。 ・担当ごとに席に座り、子どもと一緒に食べ、援助する。 ・Bちゃん、Cちゃんに「一緒が嬉しいね」「Cちゃんモグモグ上手だね。Bちゃんもやってみよう」など、友だちの様子を知らせ、一緒に食べる楽しさを感じられる言葉をかける。	＊保育者間の連携で保育が行なわれているのだと感じた。 ・一緒に食べることで楽しい食事の雰囲気も大切にしながら、食事の挨拶やマナーのモデルになるよう気をつける。 ＊保育者の言葉かけにより、友だちの姿に気づき、まねしようとしていた。
15:30	●午後の活動 ・保育室で自由に遊ぶ。 ・（Aちゃん）保育者との1対1でのわらべうた遊びをする。 ・（Eちゃん）好きな絵本を持ち、実習生に読んでもらう。	・Aちゃんとの1対1でのわらべうた遊びを楽しむ。 ・他の保育者は全体の遊びを見守り、必要に応じて、個別対応ができるよう保育者間で連携をとる。	・Eちゃんが持ってきた絵本を読む。📖7 ＊Eちゃんが「もういっかい」と催促するので、絵本を数回読んだが、ずっと同じ子どもと関わってよいのか不安になった。
16:30	●降所準備	・降所のための個人への返却物や配布物などを確かめる。	・衣類や使用したタオルなどを個人ロッカーに返却する。
17:00	●順次降所 ・迎えを待つ子どもは自由に遊ぶ。	・降所対応をする。📖8 ・Cちゃんの保護者に、午睡時間が短く、夜は早めに眠くなるかもしれないと伝える。	＊保育所での様子を口頭でも伝えることで保護者の安心につながることがわかった。

振り返り・考察

　今日は午睡の援助に初めて入った。昨日までの先生方の様子を見て、午睡の援助は子どもの身体をトントンしたり、さすったりすれば眠るものだと考えていたが、自分がDちゃんのそばに行くと、それまで静かに布団に横になっていたDちゃんが、うたを歌い始めたり、話しかけたりして、眠らなくなってしまった。寝かせなくてはと慌て、眠るように声をかけていると、先生が代わってくださった。自分では難しいのかと落ち込んだが、「お姉さん先生が来てくれて嬉しくなったんだと思うよ」と言っていただき少し安心した。

　また、「早く眠ること」が重要なのではなく、「安心して休息がとれること」が大切であると教えていただき、午睡の意味を再認識することができた。

0歳児　1歳児　2歳児　3歳児　4歳児　5歳児

📖5 **午睡の役割や意味**

午睡は必ずさせなくてはならないものではありません。熱心なあまり「とにかく寝かせなくては」と躍起になることがあります。午睡は必要な休息をとるための行為です。子どもが安心できるよう関わりましょう。

📖6 **積極的に関わる**

1歳児ならではの発達に合わせた援助を学べる貴重な機会です。積極的にチャレンジしましょう。

📖7 **教材研究**

保育教材を準備して、遊びを提供することも保育者の役割です。絵本などは子どもが「読んで」と持ってきたものに対応することに加えて、見せたい本や発達に考慮した内容を吟味し、事前に準備して実践するとよいでしょう。

📖8 **クラス担任の連携**

複数担任で時差勤務となる乳児のクラスにおいて、担任の人数が揃う時間は限られます。複数の担任で情報を共有することで、降所までの子どもへの関わりが丁寧にでき、保護者へ子どもの姿を細やかに伝えることができます。どのような方法で密に連携をとっているか、具体的に記録したり、質問をしたりしましょう。

先輩からのメッセージ

生活の流れや内容によっては「なにをすればいいですか？」よりも「〜してもいいですか？」という尋ね方の方が考えて質問しているんだな、と感じます。

1歳児 部分実習・指導案例（保育所）
新聞ひらひら遊び（遊び方➡P.37）

期日	20○○年8月26日（金）		クラス	1歳児 あひる組	在籍	15名

実習のポイント

前日までの子どもの姿	ねらい
●風に揺れるカーテン、リボンなど、動きのあるものに反応し、目で追ったり指でつかんだりする。 ●食事の際、スプーンやフォークを片手で持ち、おもしろそうに食材をつついたり、皿にあてたりしている。	●新聞紙に触れ、音、手触りなどに気づき、感覚の働きを豊かにする。
	内容
	●新聞紙を破く感覚を楽しむ。 ●新聞紙がひらひらと動く様子を見たり、触れたりして喜ぶ。

時刻	環境構成	予想される子どもの活動	援助のポイント
10:00	＜保育室＞ （机の図） ●新聞紙とストローを、人数分と予備を用意しておく。	●新聞紙を裂く ・実習生が新聞紙を裂く様子を見て、新聞紙に興味をもつ。 ・実習生から新聞紙を受け取る。 ・自分も新聞紙を裂きたいという意欲が生まれ、新聞紙を裂こうとする。 ・新聞紙をうまく裂けない子どもや、細かくちぎる子どももいる。 ・新聞紙が裂ける様子や、ビリビリという音を楽しむ。	・子どもの前で新聞紙を細く裂いて見せ、関心をもたせる。 ・新聞紙を渡し、「みんなもビリビリしてみよう」と声をかける。 ・子どもと一緒に「ビリビリ」と声を出し、新聞紙を裂くことを楽しむ。🔍1 ・うまく裂けない子どもには、「手伝っていいかな」と声をかけ、切り目を少し入れて渡すなど、子どもの意欲を大切にしながら援助をする。🔍2
10:10	（新聞紙・ストローの図） 新聞紙 ストロー ●落ちている新聞紙を踏んで転ばないように、あらかじめ拾っておく。 ●ストローと組み合わせて遊ぶ際は、子ども同士、十分に距離をとって遊ぶ。	●ストローと組み合わせて遊ぶ ・実習生から、ストローに貼った新聞紙を受け取る。 ・新聞紙を裂くことを引き続き楽しむ子どももいる。 ・実習生がストローを動かす様子を見て、自分も動かしたいという意欲をもつ。 ・ストローを持つ手を動かすと、新聞紙がひらひらと動くことに気づく。 ・イメージ通りに新聞紙を操作できず、ぐずったり声を出したりする。 ・手を動かすと、新聞紙がさまざまな動きをすることを楽しむ。	・子どもが裂いた新聞紙をストローの先にテープで貼り、子どもに渡す。 ・ストローを持ち、上下左右に動かしたり、手首を回して新聞紙を回転させたりして、動かす様子を子どもに見せる。 ・「ひらひらするよ」「ヘビさんみたいだね」など、ストローを動かしたくなるような言葉をかける。 ・ストローの操作がわからない子どもには、手を持って一緒にひらひらさせる。 ・ストローの操作に夢中になった子ども同士の衝突や、ストローが他の子どもに当たらないよう、気をつけて見守る。🔍3
10:20		●遊びを終える ・満足するまで新聞紙をひらひらさせ、充実感を得る。 ・他の遊びに興味が移る子どももいる。	・「ひらひら楽しかったね」「新聞紙、たくさん動いておもしろかったね」と声をかける。

🔍1 **ねらいに沿った言葉かけ**

新聞紙を裂く際、言葉を添え、子どもの感覚に働きかけています。ねらいを意識して子どもと関わることが大切です。

🔍2 **達成感を得られる配慮**

切り目を少し入れ、最後は子ども自身が裂けるような配慮で、子どもは達成感を得られます。

🔍3 **遊びの見守り方**

実習生自身も一緒に楽しく遊ぶことを大切にしながらも子どもへの安全配慮も忘れずに！

自己評価のポイント ✏

●さまざまな感覚を豊かに働かせて、遊びを楽しんでいたか

●安全に配慮した環境を整えることはできたか

部分実習・指導案例（保育所）
ぱくぱくぺーくん （遊び方➡P.37）

実習のポイント

期日	20○○年2月10日（水）	クラス	1歳児　みどり組	在籍	10名

前日までの子どもの姿
- ●ティッシュペーパーを箱から引き出して遊んでいる。
- ●お手玉を指でつまみ、持ち上げて落としたり箱の中に入れたりして楽しんでいる。

ねらい
- ●興味をもったものに自分から関わり、指で操作することを楽しむ。

内容
- ●「ぱくぱくぺーくん」に厚紙をつまんで入れる動きと、繰り返すと厚紙が増えることを楽しむ。

時刻	環境構成	予想される子どもの活動	援助のポイント
10:00	●「ぱくぱくぺーくん」を人数分、用意しておく。 ●ペットボトルには、大人の握りこぶしが入る程度の穴をカッターで開け、カラービニールテープで切り口を保護し、油性ペンで目を描く。🔍1	●実習生の話を聞く ・実習生の声に反応し、手に持っている玩具に注目する。 ・「なにそれー」「くちがある」など、思い思い感想を口にする。 ・「パックン」の音の響きを楽しむ。 ・自分もぺーくんの口に厚紙を入れたいと思い、ぺーくんや厚紙に手を伸ばす。 ・興味深そうにぺーくんをじっと見る子どももいる。	・ペットボトルを切り抜いて顔を描いた玩具を持ち、「みんな、この子はペットボトルのぺーくん。お腹がすいているんだって」「ごはんをあげようね」と、声をかける。 ・明るい声で「パックン」と言いながら、切り抜いた穴に厚紙を入れる。 ・「もぐもぐもぐ、おいしい！　もっと食べたいな」と言い、ぺーくんを左右に揺らし、口に厚紙を入れたくなるよう声をかける。
10:10	●厚紙を縦8cm、横2cmに切り、カラービニールテープを巻いたものを、一人5個ずつ＋予備分作り、まとめておく。 いろいろな色のビニールテープを巻く 厚紙	●ペットボトルに厚紙を出し入れして遊ぶ ・カラフルな厚紙を触り、感覚を楽しむ。 ・いろいろな色があることに気づく。 ・実習生と一緒に「パックン」と言いながら、厚紙をつまんで口の中に入れて遊ぶ。 ・厚紙がだんだん溜まる様子を見て、中身が増えることを期待する。 ・厚紙をすべてペットボトルに入れ、厚紙がないことに気づく。 ・保育者のまねをして、口の中から厚紙を取り出す。 ・繰り返し遊べることがわかり、何度も出したり入れたりする。🔍3 ・たくさん厚紙を入れたり、出したりしたいという意欲をもって遊ぶ。	・厚紙を一列に並べ、いろいろな色がたくさんあることを示す。 ・「何色のごはんにしようか」と声をかけ、好きな色を取れるようにする。 ・子どもの動きに合わせて「パックン」と言い、無事に入ったら「おいしいな」「パクパク」など、ぺーくんの言葉を伝えて楽しい雰囲気をつくる。🔍2 ・厚紙をすべて入れたら、ぺーくんが満腹になったことを伝える。 ・「ちょっと食べすぎちゃったみたい。ごはんを出してあげようか」と言いながら、口の中から厚紙を取り出す様子を見せ、同じ動きを促す。
10:25	箱　ぺーくんのおうち	●遊びを終える ・厚紙の出し入れに満足し、充実感を得る。 ・厚紙とぺーくんを実習生の持つ箱に入れる。	・厚紙の出し入れを十分楽しんだことを確かめ「たくさんパックンして楽しかったね」と子どもの気持ちを言葉にする。 ・「バイバイ」と言いながら片付ける。

🔍1 安全への配慮
ペットボトルの切り口を保護するという安全への配慮が必要です。事前に保育者に試作品（見本）を提供し、確認してもらいましょう。

🔍2 遊びの楽しさを広げる言葉かけ
子どもの動きに合わせオノマトペ（擬音語）を入れたり言葉を添えたりすることで、楽しい雰囲気に加え、遊びのイメージも広がります。

🔍3 繰り返し遊べる
楽しいと思った遊びや動きを何度も繰り返すことが、遊びの満足感につながります。

自己評価のポイント
- ●指先を使った動きを楽しんでいたか
- ●繰り返し遊び、満足していたか

2歳児 (保育所)

自分の意思や要求を言葉で表現し始める姿や、それに応える保育者の援助を学びましょう。

国が定める職員配置基準＝子ども6人：保育士1人（保育士は1クラス2名以上配置することが原則）

2歳児クラスで学びたいこと

● 発語を促す関わり方や、語彙が増える働きかけを学びましょう。

➡ ● まずは子どもへ丁寧に言葉を語りかけながら、言葉を発するまでにどのような過程があるかを学びます。
● 言葉を引き出す関わりが求められます。

● 排泄の自立へ向けた保育者の働きかけを知りましょう。

➡ ● 排泄のための身体機能が整う時期です。どのような目安でトイレット・トレーニングを開始するのか、どのタイミングでトイレへ誘うかなど、適切なタイミングと働きかけを学びます。子どもも保育者も保護者もストレスなく、排泄の自立へ進められるようにします。

● 食事の好き嫌いが始まる時期に、苦手な物でも試してみようとする意欲を引き出す言葉や働きかけを学びましょう。

➡ ● 気持ちに左右されて、できることをしなかったり、できないことも、してみようと試してみる時期です。どのような言葉や働きかけで子どもの気持ちが動くのか学びます。

● 自我の拡大から「じぶんでする！」など、自己主張をする子どもへの対応を知りましょう。

➡ ●「できる」「できない」で葛藤する場面で、達成感や満足感を味わえる関わり方を知ることで、子どもが自信をもち次の挑戦意欲を得る援助が可能となります。

配慮のポイント

● 言葉と意味が結びつくように「チューリップだよ」「走っているね」「嬉しいね」など、物、行動、心の動きについて、生活や遊びのなかで丁寧に語りかけましょう。

●「じぶんでできた！」という達成感や満足感を得るために、子どもが行うには難しいところだけを、さりげなく手伝い、最後の仕上げは子ども自身に任せるようにしましょう。また、「できた」「できない」だけでなく「○○したね」など、事実を言葉で伝えることで、子どもが「○○した！」と思える認める言葉をかけることも大切です。

先輩からのメッセージ

日々子どもたちにどういう意図をもって言葉をかけているか、なにを大切にしているかなどを先輩保育者に尋ねると、責任実習で参考になります。「迷惑かな？」と考えず、なんでも聞いてくださいね。登園前や掃除、保育準備の時間であれば互いに話しやすいかもしれません。

遊びのアイデア

きんぎょはどこだ？

⇨ 指導案はP.46

用意するもの
- ●『きんぎょが にげた』(福音館書店) ●水槽 (バケツ、大きな虫カゴ、などでも代用可) ●すずらんテープ
- ●きんぎょ (クレープ紙、ペットボトルのふた、輪ゴム、丸シール、油性ペン)

❶クレープ紙とペットボトルのふたできんぎょを作り、保育室に隠しておく。

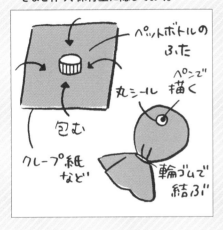

❷『きんぎょが にげた』※を読み、あらかじめ保育室に隠しておいたきんぎょを探す。

❸見つけたきんぎょは、すずらんテープを入れた水槽の中に戻す。

※大型絵本を活用してもよいでしょう。

紙コップヨーヨー

⇨ 指導案はP.47

用意するもの
- ●紙コップ ●輪ゴム ●丸シール

❶目打ちやボールペンで底に穴を開けておいた紙コップに、丸シールを貼って飾りつける。

❷輪ゴムを2つ、つないだものを底の穴に通し、抜けないように内側から結ぶ。

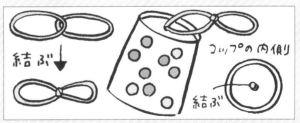

❸ゴムを手に通し、もう片方の手で紙コップを引っぱりヨーヨーのようにして遊ぶ。

2歳児 記録例（保育所）

期日	20○○年7月6日（火）	クラス	2歳児　ほし組
天候	晴れ	在籍	21名（出席21名／欠席0名）

本日の目標
- 子どもの発達段階と保育者の援助のねらいを理解する。
- 夏の活動についての配慮点を知る。🔍1

時刻	子どもの活動	保育者の動き	実習生の動き（●）／気づき（＊）
8:30	●順次登所・朝の準備 ・タオルを自分のマークのフックにかけるなど、持ち物の準備をする。	・健康観察と検温を行う。 ・前日に欠席した子どもの保護者から話を聞く。	・子どもや保護者に挨拶をする。 ＊水遊びがある際は、体調を保護者と密に確認すると知った。
9:30	●朝の集まり ・名前を呼ばれたら返事をする。 ・『たなばた』を歌う。	・欠席の子どもを確認する。 ・今日の水遊びについて話す。	＊活動の見通しをもてるように伝えることが、大切だと感じた。🔍2
10:00	●水遊び ・遊びやすい服装に着替える。 ・（Aちゃん、Bちゃん）プールに足をつけるのを怖がるので、ジョウロでのシャワー遊びなどをする。	・着替えの援助をする。 ・水に親しんで遊べるよう、保育者複数名で安全に配慮し見守る。🔍3 ・水が苦手な子どもには、容器で移し替え遊びができるよう、遊具を用意しておく。	・水遊びの心地よさや楽しさを伝える。 ・Aちゃん、Bちゃんに遊具を渡したことで水に触れることを楽しめた。 ＊安全に遊べるよう、複数の保育者が見守る必要がある。
10:45	●着替えて入室 ・（Cちゃん）プールから出たがらず、まだ遊びたいとだだをこねる。	・Cちゃんに「プール楽しかったね。明日も水遊びしようね」と見通しがもて、気持ちが切り替わるよう言葉をかける。	・Cちゃんに入室を促すが、嫌がる。「みんな待ってるよ」と声をかけ、その場を離れて気持ちが切り替わるのを待った。
11:00	●自由遊び（保育室） ・（Dちゃん、Eちゃん）一緒に積み木を高く積んでいる際に積み木の取り合いになる。 ・七夕飾りの短冊にクレヨンで好きな絵を描く。	・子どもへ玩具を渡したり、遊びを見守ったりする。 ・製作を3人ずつでゆったりとできるよう机を設定し、援助をする。	・Dちゃん、Eちゃんの仲立ちをするが、うまく対応できず担任に代わってもらう。 ＊場所や物の共有をしながらの遊びは、思いの違いでトラブルになるのだと知った。🔍4
	●排泄 ・ほとんどの子どもがトイレで排泄する。 ・（Kちゃん）おまるに座る。	・Kちゃんはトイレ・トレーニングを始めたばかりなので、おまるでの排泄を援助する。	・排泄後の手洗いを見届ける。 ・着替えが必要な子どもの援助をする。
11:45	●昼食 ・（Bちゃん、Cちゃん）食事の	・Bちゃんに台拭き、Cちゃんにコップを並べるよう声をかけ、一緒に食事の準備をする。 ・食事の援助を行う。	＊一斉に食事をせず、遊んでいる子どもと食事をする子どもがいる。そのため、保育者同士の連携が重要だとわかった。

🔍1 **目標の計画性**

全体を見通し、その日の目標が設定されているかを見ています。実習前半では1日の流れをつかみ、中盤以降では子どもの状況や、自らの課題を踏まえて目標を立てましょう。実習に臨む前に、継続的で計画性をもった目標をざっくりと設定しておきましょう。

🔍2 **「集まり」の意図**

形式的に集まるわけでなく、子どもに伝えたいことや1日に見通しをもって過ごすためなど、意図があって計画されていることを知りましょう。

🔍3 **安全管理について**

目の前の子どもとの遊びに集中し、全体への配慮が足りなくなる場合があります。保育者が安全のため、どのような配慮や工夫をしているか意識しましょう。

🔍4 **トラブルの捉え方**

家庭とは異なり、保育所は集団保育の場です。そのため思いがぶつかる場合もありますが、こうしたやり取りを通して子どもは人との関わり方や相手の気持ち、折り合いのつけ方を学んでいきます。マイナスの姿ではなく、発達の姿だと捉えましょう。

時刻	子どもの活動	保育者の動き	実習生の動き（●）／気づき（＊）
12:30	準備を手伝おうとする。 ・4人ごとに机につき、15〜20分程度で完食する。 ●排泄・午睡 ・（Kちゃん）トイレット・トレーニング中なので紙おむつに着替える。 ・（Oちゃん）朝の起床が遅く午睡ができないので、絵本を読んで静かに過ごす。	・生活リズムや発達に合わせて、食事の順番を決め、1対4で援助をする。🔍5 ・Kちゃんに紙おむつをはかせ、午睡を促す。 ・Oちゃんの遊びを見守り、眠くなったら午睡へ促す。 ・午前中の報告や、午後の活動予定などを話すクラスミーティングをする。🔍6	＊少人数で食事をするので、保育者は丁寧に対応できると感じた。 ＊おむつにするなど、それぞれ排泄の自立に合った対応が必要だと思った。 ・片付けやトイレ掃除をする。 ＊午睡中にミーティングを行い、情報共有をすることで、子ども理解が深まると感じた。
14:30	●起床・排泄 ・（Kちゃん）起床後におまるに座り排泄をする。 ・（Mちゃん）おむつから布パンツに着替える。	・午睡中におむつに排尿していないKちゃんをおまるに誘い、排泄を援助する。 ・Mちゃんの着替えを援助する。	・起床した子どもの着替えや排泄の手伝いをする。 ＊午睡後はトイレット・トレーニングのチャンスだと知った。
15:00	●おやつ ・（Bちゃん）おやつの手伝いをしたいと保育者に言う。 ・（Pちゃん、Qちゃん）会話が楽しくなり、おやつが進まなくなる。	・Bちゃんと一緒におやつを給食室へ取りに行く。 ・Pちゃん、Qちゃんのそばへ行き「おやつが終わったらなにをして遊ぼうか」と次の見通しがもてる言葉をかける。	・おやつの準備をする。🔍7 ＊言葉をかける際は、遠くから大きな声で言うのではなく、子どもの近くで語りかけた方が子どもに伝わるのだと感じた。🔍8
15:30	●室内遊び ・（Rちゃん、Sちゃん）ままごとの野菜で買い物ごっこをする。 ・（Tちゃん、Uちゃん）パズルの取り合いになる。	・買い物ごっこ（見立て遊び）がより発展するよう、Rちゃん、Sちゃんに「どんな料理をするのかな」と、遊びが次へつながるような言葉をかける。	・Tちゃん、Uちゃんに交代で遊ぶよう言葉をかけたが、どちらも譲らずUちゃんが泣き出した。「使いたかったね」と言葉をかけると、気持ちが落ち着いたのか泣き止んだ。
16:30	●帰りの集まり ・（Dちゃん）集まりに入るのを嫌がり、ブロックで遊ぶ。 ・（Eちゃん）Dちゃんを集まりに誘う。	・帰りの集まりをするため、呼びかける。 ・EちゃんにDちゃんを誘ってきてほしいと頼み、Dちゃんが集まりに入れるよう援助する。	＊仲良しの友だちに「連れてきて」と伝えることで、スムーズに集まりを始めることができた。保育者の直接的な関わり以外の援助方法を知った。
17:00	●順次降所 ・お迎えまでの間、好きな遊びをする。	・お迎えの際、プールに入らなかったAちゃんとBちゃんの保護者に、家庭でのお風呂やシャワーの様子を尋ねる。	＊保護者に1日の様子を伝え、家庭での様子と照らし合わせることで、家庭と保育所とで一緒に子どもを育てていることが感じられると思った。

振り返り・考察

　今日の実習では「子どもの発達段階と保育者の援助のねらいを理解する」ことを目標にしたが、難しいと感じた。1歳児クラスでは物や場所の取り合いになっても、似たような遊具を渡すと気持ちが切り替わった。しかし2歳児では「これが使いたい」という思いが強く、援助の際に戸惑うことが1歳児より多くあった。Dちゃんたちの積み木の取り合いの際は、仲立ちをしたが納得させられなかったので、先生に代わっていただいた。
　対応について質問した際、「2歳児は自我が膨らみ、自分の思いをしっかりともつようになるので、気持ちの切り替えに時間がかかるから、ゆっくりと待つことが大事」と聞いた。取り合いはよくないと思っていたが、友だちとのぶつかり合いは2歳児の発達の表れだと捉え直すことができた。

🔍5 発達に応じた援助

クラスの子どもに注意が向きがちですが、保育所では0歳〜就学前までの子どもが生活しています。食事の場面は発達に応じ、子どもの姿や援助の方法も違うので、発達を知るためにも、他クラスの様子との違いを観察しましょう。

🔍6 保育者の連携や業務への関心

子どもへの接し方や、保育方法のみでなく、保育者の業務全般について学びましょう。可能であればミーティングに参加させてもらってもよいですね。

🔍7 基本的な生活の所作

食事やおやつの準備などでは、台拭きを絞ったり、配膳したりします。その際、箸の持ち方や雑巾の絞り方など、大人として正しい方法が身についているかも見ています。保育者としての専門技術はもちろん、社会人として身につけておくべきふるまいを見直しましょう。

🔍8 子どもへの関わり方の配慮

どんな言葉をかけたか、だけでなく、姿勢や目線、声のトーンなどにも保育者の配慮があります。注意をする場面は大声で言いがちですが、本当に必要な援助とはなにか、保育者の姿から学び、記録しましょう。

先輩からのメッセージ

水遊びをする場合、メモ帳は防水で破れにくいものが安心です。開いたままポケットに入れられて、すぐにメモできるリングタイプがおすすめ！

0歳児　1歳児　2歳児　3歳児　4歳児　5歳児

きんぎょはどこだ？ （遊び方➡P.43）

💭 実習のポイント 🔍

期日	20○○年6月5日（水）		クラス	2歳児　ふたば組	在籍	20名

前日までの子どもの姿
- 保育者が着ているエプロンと自分の服の色が同じことに気づくと、「いっしょ」と言って嬉しそうに知らせている。

ねらい
- 絵本のイメージのなかで、遊ぶ喜びを感じる。

内容
- 絵本『きんぎょが にげた』を見てイメージを膨らませる。
- 保育室に隠れたきんぎょを探すことを楽しむ。

時刻	環境構成	予想される子どもの活動	援助のポイント
10:00	**＜保育室＞** （図）棚・机・水槽 ●絵本『きんぎょがにげた』	●絵本『きんぎょが にげた』を見る ・実習生の近くに集まって座る。 ・絵本の中にきんぎょを見つけると、「あそこ」「こっち」と言って、きんぎょの位置を知らせる。 ・きんぎょを見つけたことを喜ぶ。	・絵本を見ることを伝え、座るよう促す。 ・子どもの反応を見ながら絵本を読む。 ・きんぎょを探す仕草をして、子どもが発言しやすい雰囲気をつくる。🔍1 ・きんぎょが見つかったら「ここにいたね」と言い、見つけた喜びを共有する。
10:15	●ペットボトルのふたをクレープ紙などで包んで縛り、目を描いたきんぎょを20個作り、保育室の各所に隠しておく。 ●空の水槽を用意し、青や緑のすずらんテープを中に入れて、水や水草が入っているように見立てたものを準備しておく。 （図）水槽 青や緑のすずらんテープ	●保育室に隠れたきんぎょを探す ・実習生の話を聞き、保育室の中にきんぎょがいると知ってわくわくする。 ・保育者が指さした壁を見て、きんぎょがいることを認識する。 ・早く探したくて立ち上がる子どももいる。 ・遊びへの意欲を感じ、どこに隠れているか予測する。 ・見つけたきんぎょは水槽に入れることを理解し、水の中を泳ぐきんぎょを想像する。 ・机の下やロッカーの中などをそれぞれ探す。 ・見つけたら「みつけた」と言葉にし、喜びを感じ保育者へ見せる。 ・「やったー！」と言いながらきんぎょを水槽に入れる。	・「この部屋の中にもきんぎょが隠れているみたい」と、これから始める遊びについて話す。🔍2 ・子ども一人ひとりと目を合わせ、好奇心がもてるようにする。 ・保育室の壁に貼っておいたきんぎょを指さし、「あっ、あそこにいるね。他にはどこに隠れているかな。みんなで探して、家にかえしてあげよう」と言って、きんぎょを水槽に入れることを知らせる。 ・きんぎょを見つけたら実習生の所に持ってくることを伝え、きんぎょ探しを始める。 ・子どもがきんぎょを持ってきたら、「きんぎょ見つけたね。どこに隠れていたの」と言って、子どもの言葉を引き出す。 ・全員が見つけられたかに気を配り、まだ見つけられていない子に寄り添って喜びを見届ける。 ・子どもの様子を見て、ポケットに入れていた予備の金魚を隠し、遊びを続ける。
10:40		●遊びを終える ・実習生の言葉を聞き、きんぎょがすべて見つかったことを知る。 ・きんぎょがたくさん入った水槽に興味をもち、のぞき込む。🔍3	・きんぎょをすべて見つけたことを確かめ、子どもへきんぎょが無事に水槽に戻ったことを伝える。 ・水槽を子どもの見やすい場所に移す。

🔍**1 絵本の世界をじっくり味わえるように**

絵本を読む際、読み手のオーバーすぎる表現で、子どもの集中力や想像を崩してしまうこともあります。ゆっくりと丁寧に読み、ページをめくる速さにも気をつけるなど配慮しましょう。また、大型絵本を貸し出している図書館もあるので、そちらを利用してもよいでしょう。

🔍**2 絵本の世界と現実をつなぐ**

絵本のイメージを大切にした言葉をかけることで、絵本の世界を現実の遊びへつなげやすくなります。

🔍**3 遊びの余韻**

活動後、子どもが遊びの余韻を楽しんでいるかどうかで、その活動が本当に楽しかったかがわかります。どのような姿が見られるか、観察してみましょう。

✏ 自己評価のポイント
- 絵本のイメージをもち、きんぎょを探していたか
- 一人ひとりが楽しめる配慮ができたか

2歳児

部分実習・指導案例（保育所）
紙コップヨーヨー（遊び方➡P.43）

期日	20○○年8月27日（木）	クラス	2歳児　うさぎ組	在籍	18名

前日までの子どもの姿	ねらい
●落ち葉をつまむ、シールを台紙からはがすなど、指先を使った操作を楽しむ。 ●絵を描く際、「うさぎ」「これ、○○ちゃん」などと知らせ、イメージをもって製作する。	●思い通りにシールを貼ったり操作したりする喜びを感じる。
	内容
	●紙コップに丸シールを貼り、自分で飾りつけたヨーヨーで楽しく遊ぶ。

時刻	環境構成	予想される子どもの活動	援助のポイント
10:00	＜保育室＞ ●紙コップを人数分＋予備用意し、目打ちで底に穴を開けておく。	●実習生の話を聞く ・実習生の動きを見て、早く遊びたいと思う。 ・丸シールを選ぶことを楽しみにする。 ・説明を聞き、ヨーヨー製作の見通しと期待をもつ。	・見本を出し、紙コップを引っぱって手を放し、遊ぶ様子を示す。 ・作り方を丁寧に知らせる。 ・自分らしいヨーヨーを作るため、さまざまな丸シールを自分で選び、自由に飾りつけることを伝える。 ・丸シールを貼り終えたら、実習生と担任の保育者に輪ゴムをつけてもらう流れを伝える。
10:05	●輪ゴムを人数分（一人につきふたつ）＋予備を用意し、ふたつずつつなげておく。 ●さまざまな色、大きさの丸シールを用意し、色別にカゴに入れておく。	●丸シールを選んで貼る ・丸シールにいろいろな色と大きさがあることに気づき、使いたいものを選ぶ。🔍1 ・シールをはがし、紙コップに貼る。 ・多くの色を使う、1色のみを使うなど、それぞれ自由に取り組む。	・材料を机ごとに配る。 ・「シールたくさんあるね」と声をかけ、色や大きさは多種あることを知らせる。 ・シールを貼る様子を見守り、「青と黄色がならんでいるね」「赤をたくさん貼ったね」など、色づかいや配置を言葉で伝える。
10:15		●輪ゴムを通してもらう ・シールを貼り終えた子どもは実習生と担任の保育者に輪ゴムを通してもらう。	・あらかじめつないだ輪ゴムを近くに置き、すぐに紙コップに通せるようにしておく。🔍2 ・子どもから紙コップを受け取り、紙コップの内側に名前を書いた後、輪ゴムを通す。
10:20	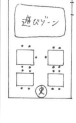	●ヨーヨーで遊ぶ ・片手に輪ゴムを通し、もう片方の手で引っぱって放し、紙コップの動きを楽しむ。 ・引っぱる強さによって、動き方が変わることに気づく。 ・紙コップを引っぱらず、輪ゴムを通した手を動かして楽しむ子どももいる。	・遊びゾーンに移動し、友だちとぶつからないよう気をつけて遊ぶことを伝える。 ・製作と遊びの場所を分け、それぞれに集中できるようにする。🔍3 ・「長く引っぱってみようか」などの言葉をかけ、引っぱり方や方向で動きが変わることに気づけるようにする。
10:30		●片付ける ・自分のロッカーやかばんに作品を入れる。	・全員が作り終わり、遊びを楽しんだことを確かめてから、かばんにしまうよう声をかける。

🔍1 子どもが
　　自分で選ぶ

材料の違いに気づき、子ども自身が考えて選ぶことで、主体性や創造性が育まれます。

🔍2 活動の流れを
　　崩さない準備

活動の流れを止めないよう、準備できるところはしておく必要があります。時間をかけるところ、かけないくてもよいところを見極めます。

🔍3 それぞれの遊びに
　　集中できる環境

違う動きをする際は、それぞれの場所を分ける配慮をします。限られた場所でどのように環境を整えるか、まずは実習生が考えてから、担任の保育者に相談しましょう。

自己評価のポイント✎
●遊びの見通しを子ども自身がもてたか
●自分で製作した物で遊ぶ楽しさを感じていたか

3歳児 (保育所)

興味や関心の芽を伸ばす
保育者の働きかけを学びましょう。

国が定める職員配置基準＝子ども20人：保育士1人（保育士は1クラス2名以上配置することが原則）

3歳児クラスで学びたいこと

● 知的好奇心の高まる時期で「あれなに?」「なんで?」「どうして?」など問いかけが増えます。これらの質問にどのように対応するか学びましょう。

→ ● さまざまなものに好奇心を抱き、質問を重ねる時期です。丁寧に答え、一緒に考えることで、子どもの想像力や思考力、探究心が育まれます。

● 子ども自身で見通しをもって生活をするために保育者としてどう関わり環境設定すべきか学びましょう。

→ ● 保育者が「散歩に出るから、トイレに行っておこう」など、伝えることで見通しがもてるようになり、自立心や自己管理の意識が育ちます。

● 3歳児ならではの見立て遊び、ごっこ遊びの楽しみ方や、子どもの遊びを広げるための関わり方や言葉かけを知りましょう。

→ ● 豊かに膨らんだ発想や想像を表現できるようになるので、見立て遊びやごっこ遊びが盛り上がる時期です。友だち同士でイメージを共有する機会とし、共感性や協調性も育みます。

● 生活や遊びのなかで葛藤する子どもへの保育者としての関わり方を知りましょう。

→ ●「片付けなければ……だけどまだ遊びたい」という葛藤は、自分の気持ちを整理し、調整しているプロセスです。葛藤を経験し、乗り越えることは、自主性や人の気持ちに寄り添うことのできる力につながります。

配慮のポイント

● 子どもの質問のなかには、答えられないものあるでしょう。わからないことに中途半端に答えると、子どもが混乱したり、「嘘をつかれた」と思ったりする場合もあります。わからない場合は「私もわからないな」「むずかしいね」「調べてみる?」など、正直な思いを伝えましょう。

●「これがしたいよね。こうやったらどうかな」など、子どもの自尊心を尊重する言葉で援助しましょう。葛藤する子どもに「早く〜して」「〜でしょ」というような一方的な指示は避けましょう。指示ばかりでは子ども自身が考えられる力が育ちません。

先輩からのメッセージ

体験談ですが、「トイレ!」と言った子どもを急いでトイレに連れて行って戻ると、担任の保育者から「一言声をかけるように」と指導を受けたことがありました。先生たちは子どもがどこでなにをしているのか、クラス全体の様子を常に把握しています。その場を離れる場合は近くにいる先生に声をかけてくださいね。

遊びのアイデア

やきたて！手作りピザ

⇨ 指導案はP.52　型紙はP.148

用意するもの
●紙皿　●画用紙　●のり

❶ピザの写真を貼った画用紙を見せ、作品のイメージを膨らませる。

❷画用紙を切って種類別にまとめておいたトッピングを自由に紙皿に貼り、ピザを作る。

❸できあがったピザを胸に持ち、友だちのピザと見比べる。

クルクル皿回し

⇨ 指導案はP.53

用意するもの
●紙皿　●ペットボトルのふた　●割り箸　●丸シール　●クレヨン　●カラービニールテープ

❶ペットボトルのふたに両面テープを貼り、紙皿の中央に貼りつける。

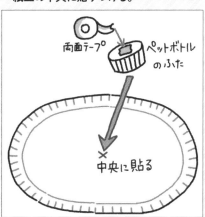

❷クレヨンや丸シールで紙皿を飾る。

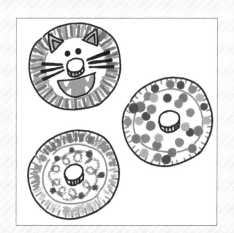

❸ペットボトルのふたに割り箸を差し込み、紙皿を回して遊ぶ。慣れたら、紙皿を回しながら、床に貼ったビニールテープの上を歩く。

期日	20○○年10月2日（月）	クラス	3歳児　ぺんぎん組
天候	晴れ	在籍	20名（出席19名／欠席1名）

実習のポイント

本日の目標
- ●子ども同士の関係に注目して保育に参加する。
- ●安全に注意して遊びや運動を見守り、保育者が援助するポイントを知る。

時刻	子どもの活動	保育者の動き	実習生の動き（●）／気づき（*）
8:30	●順次登所 ・リュックをロッカーに入れるなど、持ち物の準備をする。 ・ブロック、ままごと、絵本などで遊ぶ。	・子どもや保護者に朝の挨拶をする。🔍1 ・保護者からの連絡を聞きながら健康観察をする。	・必要に応じて準備を援助する。 *保育者は保護者と会話しながらも、子どもを目で追って様子を見ていることに気づいた。
9:10	●片付け・戸外に行く準備 ・帽子を被って靴を履き、テラスに座って待つ。	・準備ができたら、テラスで待つよう全体に声をかける。	・Aちゃんが靴を履くのを手伝う。
9:25	●サーキット遊び（戸外） ・保育者の話を聞く。 ・（Cちゃん）「じゅんばんにならぼう」とBちゃんに声をかける。 縄跳び（3つ用意しておく） フラフープ 鉄棒 列に並ぶ	・サーキット遊びのルールを伝える。 ・安全を確認しながら一緒に遊びを楽しむ。 ・鉄棒では落下や衝突がないよう注意しながら援助をする。 ・常に声をかけて楽しみながらできる雰囲気をつくる。 ・遊びが終わる頃に、保育者の1人は保育室に戻るための準備をする。🔍3	・縄跳びは一定の間隔を空けて跳んでいるか確認する。 ・フラフープに足が引っかからないよう注意して見る。 *保育者が常に声をかけ、楽しんで活動できる雰囲気をつくっていると感じた。🔍2 *気持ちが遊びに向かない子どもには無理をさせず寄り添う大切さを学んだ。
10:30 10:45	●保育室に戻る ●製作遊び「魚を作る」 ・実習生のまわりに集まる。 ・手遊び『くいしんぼうのごりら』をし、絵本『なんでもできる!?』を見る。 ・席に座り、折り紙で魚を折る。 ・クレヨンで顔を描く。工夫して色を塗る子どももいる。🔍4 ・終わったら手を洗う。	・机を並べてテーブルクロスを敷き、製作の準備をする。 ・折り紙を配り、見本を見せながら折り方を教える。 ・できあがった魚を壁に飾る。	・手遊びのあとに、後ろの子どもまで聞こえる声で絵本を読む。 *絵本のあとすぐに活動が始められるよう保育者が準備をしていた。 ・できあがった魚に子どもの名前を書く。
11:30	●昼食 ・手洗い、うがい、排泄をして席に座る。 ・当番が「いただきます」の挨拶をする。 ・（Gちゃん、Iちゃん）おしゃべりしながら食べる。	・配膳をする。 ・子どもの様子を見ながら、おしゃべりに夢中で箸が進まない子どもに声をかける。 ・「ごちそうさま」の挨拶をするよう当番へ声をかける。	・机を消毒するなど準備する。 ・子どもと一緒に食事をする。 *食物アレルギーのある子どもは、あらかじめ別に配膳された給食が用意されていることに気づいた。

🔍1 **朝の挨拶**

朝の時間は子どもの様子を見るだけでなく、保護者との関わりも大切にします。子どもが安心して1日を過ごせるよう気持ちよく迎え入れます。実習生も気持ちよく挨拶をしましょう。

🔍2 **楽しい雰囲気作り**

子どもの自分でやりたい気持ちを受けとめ、達成感が得られるようにします。遊びが「できる・できない」ではなく、「楽しみながらできるようになる過程」を見守りましょう。

🔍3 **次の活動への準備**

保育者は連携して保育をします。活動の環境設定のために、保育者がどのように動いているか観察しましょう。また、実習生も一緒に連携がとれるよう相談しましょう。

🔍4 **子どもの意欲を尊重する**

製作活動では、子どもの心情がどのように変化し、どのような工夫が生まれるか観察しましょう。また、活動には必ずねらいがあります。ねらいに近づけるような環境設定を考えます。

時刻	子どもの活動	保育者の動き	実習生の動き（●）／気づき（*）
12:05	●午睡 ・歯を磨き、パジャマに着替える。一人で着替える子もいる。 ・準備ができた子どもは実習生のまわりに集まる。 ・絵本『にんじん だいこん ごぼう』を見る。 ・（Lちゃん）眠れないが、布団に横になる。	・午睡用の布団を敷く。 ・子どもが歯磨きをする間に、床の拭き掃除をして布団を準備する。🔍5 ・歯磨きができたか、一人ひとり確かめる。 ・心地よく入眠できるようにやさしく声をかける。	・歯磨きや着替えを手伝う。 ＊昼食から午睡までがスムーズに進むよう、子どもをトイレに誘うなどしていた。 ・間を取りながら絵本を読む。 ・子どもの間に入り、見守りながらやさしくトントンする。
14:35	●起床 ・目が覚めたら排泄し、着替える。 ・早く目が覚めた子どももいる。	・子ども一人ひとりに優しく声をかける。 ・起きた子どもに排泄、着替えをするよう伝える。必要に応じて排泄や着替えの援助をする。	＊なかなか眠れない子どもや早く目が覚めた子どもには、横になってゆっくり体を休めるように話していた。午睡は身体を休ませる意味があることに気づいた。🔍6
15:00	●おやつ ・（Jちゃん）椅子を運び保育者の手伝いをする。	・机を準備して椅子を持ってくるように声をかける。 ・机を拭き、おやつを配膳する。	・子どもと一緒に椅子を運ぶ。 ・会話を楽しみながら一緒におやつを食べる。 ・テーブルを拭いて片付ける。
15:30	●降所準備 ・ロッカーからリュックを出して連絡帳やプリントをしまう。 ・手拭きとタオルを順番に取りに行く。 ・準備ができたら席に座る。	・保護者への配布プリントを用意する。 ・順番に子どもの名前を呼び、手拭きを渡す。	・自分のタオルかどうか、子どもと一緒に確かめて準備を援助する。🔍7 ＊早く準備ができたNちゃんはOちゃんの準備を手伝っていることに感心した。
15:45	●帰りの集まり ・1日の感想を発表する。 ・『おかえりの歌』を歌う。 ・当番が前に出て帰りの挨拶をする。	・子どもに今日の楽しかったことや努力したことを尋ねる。 ・ピアノで『おかえりの歌』の伴奏をする。	・保育者や子どもと一緒にうたを歌う。 ・楽しかったことに共感し、笑顔で受けとめる。
16:00	●自由遊び（戸外） ・三輪車、砂場などで遊ぶ。 ・（Qちゃん）5歳児と砂遊びをする。	・子どもと戸外へ出て一緒に遊ぶ。 ・遊具のそばで安全に気を配り見守る。	・保育室を片付ける。 ・戸外で子どもと一緒に遊ぶ。 ＊5歳児の遊びをまねていて、憧れの気持ちがあるのだと感じた。🔍8
	●順次降所 ・迎えまでの間、自由に遊ぶ。	・降所の際、保護者一人ひとりに声をかける。	・子どもと保護者に笑顔で挨拶をする。

振り返り・考察

　2歳児クラスと比べ、言葉の発達が顕著で、言語によるやり取りを多く見ることができた。また、獲得した言葉を使って話をする一方で、自分の気持ちをうまく伝えられない場面では小さなトラブルが起きることもあった。そのようなとき、ゆっくり話を聞いたり、答えやすいように話しかけると気持ちを落ち着けることができた。

　また、自分たちで遊びを展開させ、ごっこ遊びではそれぞれの役割で遊んでいた。ただ、その役割はまだ明確ではなく「お母さん」になる時もあれば「赤ちゃん」になることもある。友だちと遊べるようになったことで起きるトラブルもあると感じ、3歳児の発達の姿を知ることができたことを嬉しく思う。

🔍5 **午睡の準備**

給食から午睡まで保育者には様々な業務があり、別の保育者が補助に入る場合があります。実習生もできることを確認し、積極的に片付けや次の活動の準備をしましょう。

🔍6 **午睡のねらい**

午睡は生活のリズムを構成する要素です。安全な環境のなかで適切な休息をとり、心と身体を休めるねらいがあります。午後も元気に過ごすために、眠れなくても横になり静かに過ごします。

🔍7 **持ち物の確認**

自分の持ち物を準備する様子を見守り、困っている子どもには「タオルはピンクだったよね」などとヒントになるよう声をかけます。「自分でできた」という体験を増やし、子どもの自信につなげます。

🔍8 **クラスを越えた関わり**

降園までの自由遊びは、異年齢の子どもとの関わりを観察できる時間でもあります。また、保育者は環境設定をしているので観察しながら子どもと関わりましょう。

0歳児　1歳児　2歳児　**3歳児**　4歳児　5歳児

先輩からのメッセージ

エプロンは前側にポケットがあるもの、ペンはクリップがついているものがおすすめです。しゃがんだり、走ったりすることが多いので持ち歩くものは落とさないよう工夫をしましょう。

3歳児

部分実習・指導案例（保育所）
焼きたて! 手作りピザ （遊び方➡P.49）

期日	20◯◯年10月15日（火）	クラス	3歳児　はと組	在籍	11名

前日までの子どもの姿
- 好きな食べ物を尋ねると「ハンバーグ」「おにぎり」とそれぞれに答え、昨日の夕食の話をするなど食べ物への興味をもっている。
- 色紙や画用紙にのりをつけて貼ることを楽しんでいる。🔍1

ねらい
- 紙やシール、のりなどの素材に親しみ、工夫して遊ぶ。

内容
- 色画用紙にのりをつけ、貼ることを楽しむ。
- 作りたいピザを想像し、製作することを喜ぶ。

💭 **実習のポイント**

🔍1 **普段の姿から活動を計画**

食べ物に関心のある姿、のり貼りの製作を楽しむ様子から、活動を計画しています。子どもの姿から活動を考えることで、子どもが必要としている遊びを提案できます。

時刻	環境構成	予想される子どもの活動	援助のポイント
10:00	［図：机 机／机 机／食／棚］ ●紙皿を人数分＋予備を用意する。 ●色画用紙を切ってピザの生地やソース、具材を作り、種類別にカゴに入れる。 ●ピザの画像を数種類印刷し、画用紙に貼ったものを用意しておく。	●**実習生の話を聞く** ・椅子に座り、説明を聞く。 ・問いに対し「ピザ」「たべたことある」「まんまるの」など発言する。 ・ピザの写真を見て具体的なイメージをつかみ、どんなピザを作ろうか頭のなかで想像する。 ・実習生と一緒に、紙皿や具材を確かめる。	・のりをもって集まることを伝える。 ・全員が座ったら「この食べ物なんだ」とピザを取り出し、話を引き出す。 ・画用紙に貼ったピザの写真を見せ、いろいろな種類のピザがあることを知らせる。 ・具材を持って「トマト、チーズ、ピーマン」と説明し、どの具材を使うか考えるきっかけを作る。
10:15		●**ピザを作る** ・カゴの中から、使いたい具材を選ぶ。 ・具材にのりをつけて貼る。 ・思うように貼れず、貼り直す子どももいる。 ・紙皿に具材を貼り、ピザができあがる過程を楽しむ。 ・具材を貼ったピザが完成し、達成感や充実感を得る。 ・できあがったピザを実習生に見せる。 ・作る速さには個人差がある。	・使いたい具材はいくつでも使ってよいことを伝え、製作に集中できるようにする。 ・具材は画用紙で作り、裏表を気にせず取り組めるようにする。 ・ピザ作りに迷う子どもには、画用紙に貼ったピザの写真を見せたり好きな食べ物の話をしたりして、製作の意欲がわくようにする。 ・できあがったピザを子どもから受け取り、裏面に名前を書く。 ・「トマトがたくさんでおいしそう」「具材を丁寧にのせたね」など、一人ひとりの作品を見て感想を言う。🔍2
10:45		●**ピザを見せ合う** ・自分が作ったピザを胸の前に持つ。 ・友だちのピザを見て、自分のピザとの違いに気づく。	・全員が作り終えたことを確かめる。 ・椅子に座って作ったピザを胸の前に持ち、同じ机の子どもに見せるように伝える。
10:55		●**かばんにピザをしまう** ・「たのしかった」「こんどピザたべるのたのしみ」など、活動の感想を言う。🔍3	・「みんな、おいしそうなピザが作れたね」と喜びを共有する。 ・ピザをかばんにしまい、家に持ち帰ることを伝える。

🔍2 **満足感につながる言葉**

子どもの自信や満足につながる言葉を意識して伝えましょう。作る過程やこだわりをもって製作した箇所などを認めましょう。

🔍3 **遊び終えた子どもの様子**

遊び後の様子や言葉で、その遊びが子どもにとってどのようなものだったのか、わかることがあります。ねらいが達成できたかを知ったり、活動の改善点を考えたりするきっかけになるので、最後まで見逃さないようにしましょう。

✏ **自己評価のポイント**
- 子どもなりの工夫で製作を楽しむ様子があったか
- 遊びに満足するための働きかけができたか

3歳児 部分実習・指導案例（保育所）
クルクル皿回し（遊び方➡P.49）

実習のポイント

期日	20○○年2月20日（金）	クラス	3歳児　ひまわり組	在籍	20名

前日までの子どもの姿
- 新しい遊びに喜んで取り組み、昨日は登れなかった遊具に登ろうと繰り返し挑戦している。
- ケンケンや片足立ちで、両手を動かしながらバランスをとることを楽しんでいる。

ねらい
- 自由にオリジナルの紙皿回しを作り、紙皿回しや綱渡りゾーンに挑戦する。

内容
- 飾りつけた紙皿と割り箸を使い、皿回しを楽しむ。
- あきらめずに挑戦を楽しむ。

時刻	環境構成	予想される子どもの活動	援助のポイント
10:00	● 紙皿と割り箸、ペットボトルのふたを人数分＋予備を用意する。 ● 紙皿の中央に、両面テープでペットボトルのふたを貼っておく。 	● 実習生の話を聞く ・クレヨンとのりを持って椅子に座る。 ・実習生の皿回しの実演を見る。 ・説明を聞き、紙皿を飾りつけた後に紙皿回しをするという見通しをもつ。 ・紙皿回しを早くやりたいとそわそわする子どももいる。	・クレヨンとのりを持って、集まるよう伝える。 ・見本を見せ、「これはなにかな」などと話し始め、紙皿を使って皿回しをすることを知らせる。 ・紙皿を上手に回す様子を見せる。 ・紙皿を自由に飾りつけた後、紙皿回しで遊ぶことを伝える。
10:10	● 割り箸を用意しておく。 	● 紙皿を飾りつける ・丸シールやクレヨン、色紙などで紙皿を飾る。 ・イメージをもって飾りつけようと取り組む。 ・できあがったら実習生から割り箸をもらう。 ・完成する時間には個人差がある。	・飾りつけの様子を見て回る。 ・丸シールだけを使う、シールとクレヨンで顔を作るなど、それぞれ工夫した点や特徴を喜びをもって子どもに伝える。 ・割り箸を渡す際、人に向けないなど注意点を伝える。🔍1
10:30	● 2mほどのカラービニールテープを床に貼り、綱渡りゾーンを作っておく。 網渡りゾーン 机 机 テープ 机 机 綱	● 紙皿を回す ・割り箸をふたに差し込み、バランスを取りながら紙皿を回す。 ・うまく回せず、保育者に訴える子どももいる。🔍2 ・何度か挑戦するうちに回せるようになり、楽しんで遊ぶ。 ・線の上での紙皿回しに挑戦する。 ・紙皿を回せて、達成感や喜びを感じる。	・割り箸を受け取った子どもから、遊びゾーンに移動して遊ぶよう伝える。 ・割り箸をまっすぐ立てて持つようアドバイスをする。 ・全員が作り終えたら、机を端に寄せスペースを広くする。🔍3 ・慣れてきた子どもには、カラービニールテープを床に貼った「綱渡りゾーン」の線の上を歩きながら紙皿を回すよう促す。
10:45	＜留意点＞ ● 足元に物を置かないようにする。 ● 子ども同士、十分な距離をとる。	● 片付ける ・十分に紙皿回しを楽しみ、満足する。 ・まだ遊んでいたい子どももいる。 ・紙皿と割り箸をかばんの中にしまい、ごみを拾う。	・「たくさん回して楽しかったね」など声をかけ、満足感を共有する。 ・紙皿と割り箸をかばんにしまった後、落ちているごみを拾うことを伝える。

🔍1 **注意事項を伝えるタイミング**

注意事項は、遊びが始まる前に丁寧に伝えましょう。遊びが始まってから伝えると、集中して遊びに取り組む子どもの邪魔になります。

🔍2 **援助や助言の想定**

子どもに難しい場面では、どのような援助や助言が必要か想定しておきます。担任の保育者とも共有しておくと、スムーズです。

🔍3 **活動に適切な空間**

遊びの進み方に合わせ、動いて遊ぶスペースを広げるなど配慮します。活動に合わせて柔軟に対応しましょう。

自己評価のポイント
- 「製作」→「製作したもので遊ぶ」の流れはスムーズだったか
- 紙皿を回せるまで、挑戦を楽しんでいたか

3歳児 責任実習・指導案例（保育所）
主活動：サーキット運動遊び

期日	20○○年5月11日（水）	クラス	3歳児 すみれ組	在籍	25名

前日までの子どもの姿	ねらい
●鉄棒やうんてい、トンネルくぐりなど、全身を使って遊びを楽しんでいる。 ●「これよんで」と、読んでほしい絵本を保育者へ持ってくるなど、絵本や紙芝居が好きで、楽しんで見ている。	●跳ぶ、バランスをとって歩く、ぶら下がるなど、さまざまな動き経験し、達成感を味わう。 ●言葉遊びを楽しむ。

内容 🔍1
●サーキット運動遊びに意欲的に取り組む。
●『これは のみの ぴこ』の絵本を見て、つみかさね言葉のおもしろさに気づく。

時刻	環境構成	予想される子どもの活動	援助のポイント
8:30	洗面所 トイレ／出入口／ロッカー／机／絵本／ごっこ遊びスペース／階段台／道具棚	●順次登所 ・保護者とともに登所し、挨拶をして、順次自由遊びをする。 ・ブロック、ままごと、お絵描き、絵本、などで遊ぶ。	・登所する子どもや保護者に挨拶をし、「今日も一緒に遊ぼうね」と言葉をかける。 ・自由遊びを見守りながら、早出の保育者と引き継ぎをする。
9:00		●片付け・戸外で自由遊び ・三輪車、乗用玩具、虫探し、シャボン玉飛ばしなどで遊ぶ。 ・アゲハチョウの幼虫を観察したり、庭の草花に興味をもって見たりする。	・戸外に行くことを伝えながら、片付けを促す。 ・人数を確認してから外に出る。 ・虫を探したり、ダンゴムシがいそうな場所のヒントを出したりする。 ・けがにつながる遊びをしていないか全体を確認しながら遊びを見守る。🔍2
10:00		●保育室に戻る ・室内に戻り、手洗い、うがい、排泄をする。 ・水分補給をする。	・外に残っている子どもに声をかける。 ・実習生はサーキット遊びの準備をするため、先にホールへ行く。
10:15	子どもは2列に並ぶ／フープ／マット／ロープ／平均台／ゴール／〈ロープ〉2本のロープの端をフープに結ぶ／●平均台の横にマットを敷いておく	●主活動「サーキット運動遊び」 ・ホールに移動し、実習生の話を聞く。 ・サーキットとはなにか、質問をする子どももいる。 【サーキット遊びの動き】 ①フープの中からスタート ②マットを横に転がる ③ロープをまたいでカエル跳びで進む ④平均台を渡る ⑤ゴール ・慎重に進む、早く進もうとするなど、それぞれ進む速さが異なる。🔍4 ・友だちを応援する子どももいる。	・サーキット運動遊びは、いろいろな動きに挑戦できる遊びであることを伝える。 ・保育者に実際に見本の動きをしてもらいながら、実習生が言葉を添え、子どもにわかりやすく説明をする。🔍3 ・「カエル跳び」は実習生が子どもの目の前でやってみせる。 ・やってみたい子どもがいないかを聞き、一人見本で実際に動きをやってもらう。その際、急がずゆっくり進んでよいことを伝える。 ・一人ひとりのペースで楽しめるよう、見ている子どもに「応援してね」と声をかける。

実習のポイント

🔍1 「ねらい」と「内容」は的確か

保育でいう「ねらい」とは、なにかができることでなく、「育ってほしい子どもの姿」をいいます。「内容」は「ねらい」を達成するために今日経験してほしいことです。経験を通して育ってほしい心情も加えるとよいでしょう。

🔍2 安全への配慮

子どもとの遊びに夢中になり、全体の安全確認を怠らないよう注意しましょう。子ども全体を見られる立ち位置を意識するとよいでしょう。

🔍3 わかりやすい説明の工夫

子どもにわかりやすく説明をするために、動きの見本は担任の保育者に依頼し、実習生は言葉での説明をするなど工夫します。事前に相談し、協力をお願いしましょう。

🔍4 子どもが楽しんで活動をしているか

運動能力の個人差に配慮し、劣等感を感じないような関わりが必要です。「ゆっくりでも大丈夫」という雰囲気をつくり、子どもが楽しんでその活動に向かえるようにします。

時刻	環境構成	予想される子どもの活動	援助のポイント
11:15		● サーキット運動遊びを終える ・「楽しかった」「難しかった」など、サーキット運動遊びの感想を言う。	・サーキット遊びの満足感を受けとめ、共感する。 ・保育室に戻って、手洗い、うがい、排泄をするよう伝える。 ・実習生はサーキット遊びの片付けをする。
11:20		● 保育室に戻る ・手洗い、うがい、排泄をして、自分の席に座る。	・絵本を読むので、排泄後、自分の席に座ることを伝える。
11:40	(図) 実 6~7人ずつ床に座る	● 絵本『これは のみの ぴこ』を見る。 ・繰り返しの言葉を実習生と一緒に言う子どももいる。 ・「楽しかった」「もう1回」などそれぞれの感想を言う。	・絵本の持ち方や角度、読む速さに注意する。 ・「もう1回読んで」と希望があった際、時間に余裕があればもう一度読む。🔍5 ・自由遊びの時間に読めるよう、絵本を本棚においておくことを伝える。
11:50		● 昼食準備・昼食 ・排泄、手洗い、うがいをする。 ・挨拶をして昼食を食べ始める。 ・食べ終わった子どもは挨拶をして、食器を片付け、口をゆすぐ。	・机を消毒し、配膳を行う。 ・担任の保育者と確認し、アレルギーの子どもは色つきのトレーの食事を出す。🔍6 ・どんな食べ物が好きかなど、会話をしながら一緒に食事を楽しむ。
12:30		● 午睡準備・午睡 ・着替え、排泄を行い、午睡の準備をする。 ・すぐには眠らず、友だちに話しかける子どももいる。	・布団を敷く。 ・カーテンを閉めて入眠しやすい雰囲気をつくる。 ・眠れない子どもには静かに横になるように伝える。
14:30		● 起床・排泄 ・目覚めが悪い子どももいる。 ・着替え、排泄をする。	・目覚めの悪い子どもには個別で声をかけ、起床を促す。 ・必要に応じておねしょの着替えの援助をする。
15:00	(図) 配膳台 实 机 机 机 机 实 机	● おやつ ・おやつを食べる。 ● 親子遠足の絵の続きを描く ・週末に行く親子遠足を期待しながら、のびのびと絵を描く。	・手拭きタオルを用意する。 ・子どもと一緒に楽しく会話をしながら、おやつを食べる。 ・丁寧に色を塗ったり、力強く描けた喜びを子どもと共有できる言葉をかける。🔍7
16:00		● 帰りの集まり・降所準備 ・実習生の話を聞き、今日1日を振り返る。 ・今日の出来事を発言する子もいる。	・サーキット運動遊びや読んだ絵本など、1日の楽しかった出来事を振り返れるよう、子どもに問いかける。🔍8
16:15		● 自由遊び（戸外）・順次降所 ・砂場、三輪車、虫探などをする。	・気持ちよく帰ることができるよう、子どもと保護者に笑顔で挨拶をする。

🔍5 子どもの意欲を大切にする

子どもが活動や遊びに対して意欲や興味・関心を見せた瞬間を捉えることで、遊びや活動が意味のあるものになっていきます。子どもの意欲的な態度に丁寧に応じることで、自己肯定感の育ちにもつながります。

🔍6 誤食・誤配事故を防ぐための工夫

食物アレルギーは、十分に配慮する必要があります。子どもにもわかりやすい工夫をすることで、アレルギーのある子ども自身が「自分のものは色つき」などと自覚することもできます。

🔍7 内面を豊かにする言葉かけ

肯定的な言葉は、子どもの心に自信や安心感を与えます。表現する楽しさも増すでしょう。

🔍8 子どもが主体になる配慮

実習生が主導して今日の1日を振り返るのではなく、子どもが考えて言葉にする余地を残しましょう。子どもが自ら考え、経験を自分の言葉で発言をすることで主体性が育ちます。

自己評価のポイント✎
● 時間にゆとりをもち、安全に十分配慮して遊びの準備ができたか
● 運動後、子どもが落ち着いて絵本を見ることができたか

0歳児 1歳児 2歳児 **3歳児** 4歳児 5歳児

55

4歳児 (保育所)

友だちとの関わりのなかでさまざまな感情を経験しながら育まれる心の育ちを感じましょう。

国が定める職員配置基準＝子ども30人：保育士1人（保育士は1クラス最低2名以上配置）

4歳児クラスで学びたいこと

● 集団で生活や遊びを楽しむための、働きかけや環境設定の仕方を知りましょう。

→ ● 気持ちよく集団で過ごすために、生活動線を整えたり、遊びの前に基本的なルールを確かめたりします。保育者がどのように働きかけているかを学びます。

● 友だちとの関わりが増えるとともに、増えるトラブルへの対応や見守り方を知りましょう。

→ ● トラブルは、主張したり、譲ったり、許したりする、人との関わり方を豊かにする過程です。保育者はどこまで見守り、どのタイミングで介入するか、その意図などを学びます。

● ハサミや箸など、道具の使い方の伝え方を学びましょう。

→ ● 手先の機能の発達で、ハサミや箸なども使えるようになります。さまざまな道具を使う場合はその役割や使い方、危険性も一緒に伝えます。この時期に正しい持ち方を丁寧に伝えることで間違った使い方や癖がつくことを防げます。

● 人の話を聞く力や、自分の気持ちや経験したことを話したりする力が高まる姿を学びましょう。

→ ● 周りの大人の話を聞く姿勢や、使う言葉を子どもは自然と学んでいます。子どもの気持ちや状況に寄り添った言葉を添えることを意識してください。

配慮のポイント

● 興味の幅が広がり、さまざまなことに挑戦したい時期です。必要以上に手を出さないようにしましょう。

● 子どもを褒める場合は「すごい！」だけでなく「ここは〜ですてきだね」など具体的な言葉をかけると、子ども自身の気づきも深まり、さらなる意欲へつながります。

先輩からのメッセージ

子ども同士の関わりで疑問に思ったことがあれば、先輩保育者に尋ねてみてください。「あのエピソードにはこんな真相があったのか！」なんて発見があると思います。反省会では質問だけでなく、おもしろいと感じた子どもの言動なども話してみて。先輩保育者も実習生から学ぶことがたくさんあります。

\ 部分実習に使える /
遊びのアイデア

持ち運びステンドグラス

➡ 指導案はP.60

用意するもの
- ●黒の画用紙　●ハサミ　●のり　●カラーセロハン

❶15cm×15cmの黒い画用紙を三角に2回折り、四つ折りの三角形を作ってハサミで自由に切り込みを入れる。

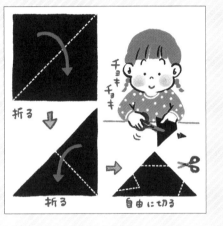

折る → 折る → 自由に切る
チョキチョキ

❷画用紙を開き、穴が開いている部分にカラーセロハンを貼る。

❸外や日当たりのよい窓辺に出て、太陽の光を当てて楽しむ。
※太陽の方を直接見ないよう伝える。

きれい!!

手作りカラフルギロ

➡ 指導案はP.61

用意するもの
- ●紙コップ（大きめのものだと持ちやすい）　●片段ボール板　●両面テープ　●色鉛筆

❶紙コップの大きさに合わせて切った片ダンボール板の裏に両面テープを貼り、紙コップに巻きつけて貼る。

片段ボール板
紙コップ
両面テープ
巻いて貼る

※片段ボール板はホームセンターなどで購入することができます。

❷色鉛筆で音を出し、音や色のつき方を楽しむ。

でこぼこしてるー

4歳児 記録例（保育所）

期日	20○○年6月11日（木）	クラス	4歳児　ぱんだ組
天候	曇りのち雨	在籍	17名（出席16名／欠席1名）

本日の目標

● 子どもがわかりやすい伝え方を保育者の援助から学ぶ。
● 子どもが意欲的に活動に取り組む姿を観察する。

実習のポイント

時刻	子どもの活動	保育者の動き	実習生の動き（●）／気づき（＊）
8:00	● 順次登所・自由遊び • 保育者に挨拶をする。 • ブロック、ままごと、絵本などで遊ぶ。	• 子どもと保護者に挨拶をする。 • 連絡帳の確認をする。	• 子どもと保護者に挨拶をする。 • 子どもと一緒にごっこ遊びをし、お母さん役をする。
8:30	● 片付け・戸外で自由遊び • 排泄、水分補給をする。 • 帽子を被り、靴を履く。 • 砂場、滑り台、縄跳び、ボールなどで遊ぶ。	• 片付けを見守りながら戸外へ行く準備をする。 • 遊びごとにスペースを決めて子どもに伝える。🔍2 • 安全に気をつけて活動を見守る。 • 砂場で一緒にごっご遊びをする。 • 終わりの時刻になったら声をかけ、一緒に片付ける。 • 水分補給をしているか確かめる。 • 着替えを済ませていない子どもに声をかける。	＊片付けの時間が近づくと保育者が声をかけ始め、片付けの見通しがもてるよう配慮していた。🔍1 ＊遊ぶエリアを明確にすることでトラブルを防いでいた。 • 園庭が見渡せる所で子どもと縄跳びをする。 • ボール遊びに誘われ、ボールを子どもがキャッチできるよう転がす。 • 着替えをしていない子どもに声をかけ、援助する。
10:00	• 手洗い、うがい、排泄、水分補給、着替えをする。 ● 朝の集まり • 朝のうた、今月のうた『おはようのうた』『あまだれぽったん』を歌う。 •（EちゃんGちゃん）当番の挨拶をする。	• ピアノでうたの伴奏をする • 子どもの顔を見ながら名前を呼び出欠確認をする。🔍3 • 今日の予定を伝える。	• 子どもの様子を観察しながら一緒に保育者の話を聞く。 • Eちゃんに「上手に挨拶できたね」と声をかける。
10:15	● 製作遊び「あめとかさ」 • 保育者の話を聞いて活動に興味をもつ。🔍4 •（Iちゃん）「きいろなんだよ」と楽しそうに自分の傘の色を伝える。 • ロッカーからクレヨンを取って席に座る。 • 台紙に傘を貼り、まわりに線や丸で雨を描く。 •（Mちゃん、Nちゃん）作品を見せ合う。	• 雨について子どもの思いを聞きながら、梅雨について話す。 • 机を並べて製作の準備をする。 • 傘の形に切った画用紙に自由に模様を描き、台紙の画用紙に貼って作品を作ることを伝える。 • できあがった作品を棚の上に並べる。	• 机を並べて新聞紙を敷くなど、製作の準備を手伝う。 ＊説明の間に、もう1人の保育者が机の準備をしていた。保育者間の連携が大切だとわかった。 • 子どもに材料を手渡す。 • 机をまわりながら、「かわいい模様だね」などと認める声をかける。

固定遊具　　砂場

縄跳び　　ボール遊び

🔍1 **毎日の習慣**

毎日の決まった流れは、「もうすぐ片付けの時間になるね」などと声をかけ、子どもが主体的に取り組めるよう援助します。子どもの気持ちの切り替えに、保育者がどのように関わっているか注目し、記録しましょう。

🔍2 **戸外での自由遊び**

それぞれの思いをくみ取りながら、安全を確保します。目を配る範囲も広くなりますが、保育者の動きや関わりを参考にしましょう。

🔍3 **子どもの様子を確かめる**

毎日の日課でも、子どもの気持ちはいつも同じではありません。返事をする子どもの表情や声の調子を観察し、子どもの気持ちに寄り添った関わりを心がけましょう。

🔍4 **製作活動に対する意欲**

製作は楽しい活動ですが、得意な子どもばかりではありません。そのような子どもも楽しみながら活動できるような環境設定や声かけを意識しましょう。

時刻	子どもの活動	保育者の動き	実習生の動き（●）／気づき（＊）
11:30	●片付け・自由遊び ・製作が終わった子どもは手洗いをして片付ける。 ・保育室で自由に遊ぶ。 ●昼食 ・片付けをしてランチルームに移動する。 ・手洗い、排泄を済ませて席に座る。 ・テーブルごとに挨拶をして昼食を食べ始める。🔍5 ・テーブルの全員が食べ終えたら挨拶をして歯磨きをする。 ●保育室に戻る ・保育室に戻り、排泄、着替えをする。	・製作がまだ終わっていない子どもに寄り添い、援助する。 ・製作の片付けをする。 ・手洗い、排泄を見守る。 ・配膳をする。 ・子どもが食べている様子を見守り、交代で食事をする。 ・保育者の一人は保育室で午睡の準備をする。 ・歯磨きの確認や排泄の声かけをする。	・子どもと一緒にブロックで遊ぶ。 ・子どもと「おなかすいたね」などと話しながらランチルームへ行く。 ・手洗いの確認をする ・子どもと一緒に食事をする。 ＊昼食の間に1人の保育者が保育室の掃除をして、午睡用コットを並べることがわかった。 ・午睡準備の援助をする。
12:40	●午睡		
14:30	●起床		
14:50	●おやつ		
15:20	●午後の活動 ・うたを歌い、絵本『あめふりくまのこ』を見る。		
15:45	●帰りの集まり ・今日の感想を話す。 ・帰りのうたを歌い、挨拶をする。		
16:00	●順次降所 ・荷物を持ってホールへ移動する。 ・迎えまでの間、他クラスの友だちとホールで自由に遊ぶ。🔍6		

〈エピソード〉🔍7
　　製作の時間のこと。Sちゃんの手が止まってしまった。「どうしたの?」と声をかけたが下を向くばかり。「手伝うから一緒にやろう!」と伝えると、顔をあげたので作り始めるかと思ったら、「じゃあ、おねえさんがつくって」と言って席を立った。
　　同じ机のTちゃんが「Sちゃんはおえかき、すきじゃないんだって」と言ったので、慌ててSちゃんを追いかけ、席に戻ろうと声をかけた。
　　これまでSちゃんはたくさん話し一緒に遊んでおり、なにに対しても積極的に取り組む子どもだと思っていた。そのため苦手なことなんてないだろうと勝手に思い込み、手が止まったのも「一緒にやりたいのかな」などと勘違いしていたことを反省する。

振り返り・考察🔍8
　　保育者は見通しをもてるよう関わり、「時間だから片付けよう」ではなく片付けに時間がかかる遊びから徐々に声をかけていた。また、片付けの時間が近づいてから新しい遊びを始める場合には「時計の針が9になったらお片付けだよ」とあらかじめ終わりの時刻がわかるようにしていた。そのような援助は日常のようで、保育者が声をかける前に「おかたづけしよう」と言って自ら片付けていた。何でも、まずは保育者の声かけからと思っていたが、発達とともに主体的に取り組むことができ、そのように関わることの大切さを改めて知った。
　　一斉活動の場合は必ず導入があり、その導入も手遊びや絵本を読むことだと思い込んでいたので、自然に話を始めて、子どもの気持ちが製作に向き、積極的に取り組む姿を見たときはとても驚いた。担任の先生に、なぜ子どもの気持ちが自然と製作に向いたのか尋ねると、週や月の計画を立てた時点で製作に関心が向くよう日々働きかけをしていると教えていただいた。今日1日を振り返ってみると、朝の集まりで『あまだれぽったん』を歌っていたり、天気に関する話をしていたりと、ところどころに導入となる内容が盛り込まれていた。週や月の計画を立てることの大切さを学んだと同時に、1日1日の流れをもって週や月のねらいが達成されるのだと知った。
　　また、事前の準備や環境構成も重要であることも教えていただいた。製作についての説明は、とても丁寧でわかりやすく、子どものペースに合わせて話をし、繰り返し伝えていた。また、「そこ」や「ここ」といった指示語ではなく、「丸くなっている方が上だよ」などと具体的に示していた。子どもにわかりやすく伝わったようで、授業で学んだとおり視覚的に伝えることが有効だということを実感した。

🔍5 生活の流れを大切に
「手洗いを済ませ、全員が揃ったグループは、挨拶をして食べ始めてよい」と伝えておけば、子どもが主体的に行動できます。子ども同士で声をかけ合うこともあるので、準備が遅い子どもがいても場合によっては声をかけず見守りましょう。

🔍6 他クラスや異年齢児との関わり
自由遊びで活動スペースが決まっていない場合や異年齢児がいる場合は特に安全に注意します。迎えまでの時間に考慮しながら遊びを見守りましょう。

🔍7 エピソードの記録
実習の記録は生活の細かな流れだけでなく、子ども同士のやり取りや、子どもと保育者・実習生とのやり取りなど、ある場面をより細かく観察して考察することもあります。特にその日の実習目標に関連する内容については、あらかじめ許可をもらったうえでエピソードを記述する場合もあります。

🔍8 振り返り・考察の書き方
考察とは、子どもとの関わりを通して感じたこと、保育者から指導を受けたことをもとに考えることです。自分はなぜそうしたか、その結果どうだったか、振り返る必要があります。正解を求めるのではなく、自分の考え深めましょう。

先輩からのメッセージ

配膳の時、子どもの要望に合わせて量を調節してよいかは、園や保育者の考えによって異なるので確認しましょう。「厳しい」「優しい」などいろいろな感情を抱くと思いますが、それも含めて学びです。

0歳児　1歳児　2歳児　3歳児　**4歳児**　5歳児

4歳児

部分実習・指導案例（保育所）
持ち運びステンドグラス（遊び方➡P.57）

実習のポイント

期日	20○○年8月25日（火）	クラス	4歳児　うみ組	在籍	20名

前日までの子どもの姿	ねらい
●ハサミを使って、色紙や画用紙を切ることを楽しんでいる。 ●友だちと玩具や道具の貸し借りをし、一緒に遊んだりやりとりを楽しんだりする。	●ハサミの操作やセロハンテープを貼ることを通して製作を楽しみ、色の変化や見え方に興味をもつ。
	内容
	●画用紙とカラーセロハンでステンドグラスを作り、色の重なりや反射を見て楽しむ。

時刻	環境構成	予想される子どもの活動	援助のポイント
10:00	●セロハンテープ台を各机に一台ずつ置いておく。 ●15cm×15cmの黒い画用紙を人数分＋予備を用意する。カラーセロハンを色別にまとめてカゴに入れておく。	●作り方の説明を聞く ・ハサミを持って、椅子に座る。 ・実習生が手に持つ紙に注目する。 ・さまざまな色があることや、光を受けて色が壁や床に映っていることに気づく。 ・実習生のステンドグラスを見て、製作への意欲をもつ。	・ハサミを出し、集まるように促す。 ・穴を開けた黒い画用紙を見せる。 ・実習生が作った美しいステンドグラスを見せ、できあがったら光に当てて遊ぶことを伝える。 ・カラーセロハンは、いろいろな色を使っても1色だけでもよいことを伝える。
10:05		●ステンドグラスを作る ・みんなで素材を確かめる。🔍1 ・カラーセロハンを見て、どの色を使おうかイメージを膨らませる。 ・実習生の説明を聞きながら、画用紙を折る。 ・ハサミで自由に切り込みを入れる。 ・画用紙を切る動きを楽しむ。 ・画用紙を開いて穴の開き方や模様を見て、セロハンを貼る穴ができたことを知る。 ・カゴの中からセロハンを選び、セロハンテープで貼る。	・材料を入れたカゴを配り、画用紙、カラーセロハン、セロハンテープ台があることを一緒に確かめる。 ・画用紙の角と角を合わせて2回折り、四つ折りの三角形を作ることを伝える。 ・四つ折りができたら、ハサミで自由に切り込みを入れるよう伝える。 ・ハサミを2回入れ、三角に切り取るイメージを伝え、セロハンが見える穴を作れるようにする。 ・ある程度ハサミを入れたら、画用紙を広げカラーセロハンを貼るよう促す。
10:30	＜留意点＞ ●太陽の方を直接見ないよう伝える。	●光に当てて遊ぶ ・外に出て、ステンドグラスを光にかざしたり地面に映った色を見て遊ぶ。 ・青と赤が重なって紫に、赤と黄色が重なってオレンジになるなど、重なりによる色の変化に驚く。🔍3 ・セロハンを貼った穴をのぞき、青一色の園庭、赤と緑の友だちなど、普段と違う景色の見え方を楽しむ。	・全員がセロハンを貼り終えたら、外に出るように促す。🔍2 ・地面に映ったセロハンの色や重なって色が変化した部分を一緒に楽しみ、「紫色になったね」「ピンクの花が咲いたみたい」と言葉をかけ、共感する。 ・花壇の花にセロハンを映して花の色を変えるなど、色の楽しみ方を提案する。
10:50		●保育室へ戻る ・作品に名前を書いてもらう。 ・家族にステンドグラスを見せることを期待しながら片付ける。	・作品に名前を書く。 ・ステンドグラスはかばんに入れ持ち帰るよう伝える。

🔍1 **素材の名前や特性を知る機会**

大人にとっては身近でも、子どもには初めて出会うものもあるかもしれません。丁寧にゆっくり伝えるように意識しましょう。

🔍2 **製作のペースに配慮**

一緒に作り始めても、作り終わりが全員同時とは限りません。作り終えた子どもは先に外に出る、納得がいくまで作りたい子は製作を続けるなど、子どものペースを守りましょう。

🔍3 **感動や驚きを発展させる**

「すごいなあ」「きれいだなあ」といった驚きや感動を「どうしてだろう？」「こうしたらどうなるかな？」という探究心に発展させると、遊びが広がり興味・関心も持続します。

自己評価のポイント🖊

●意欲的に製作に取り組めていたか
●子どもの気づきに共感したり、興味・関心を広げたりできたか

部分実習・指導案例（保育所）
手作りカラフルギロ（遊び方➡P.57）

期日	20○○年2月19日（水）	クラス	4歳児　すずらん組	在籍	23名

前日までの子どもの姿	ねらい
●テレビアニメの歌など、お気に入りの歌を友だちと一緒に歌って楽しんでいる。 ●手拍子をしたり、足踏みをしたりして、リズムに乗ることを喜ぶ。	●自分の楽器を作り、音色を楽しむ。

	内容
	●片段ボール板ののでこぼこや色のつき方を楽しみながら、友だちと楽しく演奏する。

実習のポイント

時刻	環境構成	予想される子どもの活動	援助のポイント
10:00	●大きめサイズの紙コップと、片段ボール板を人数分＋予備を用意しておく。 ●片段ボール板は紙コップの飲み口を一周する幅、紙コップの高さに切っておく。	●ギロを作る ・実習生の説明を聞き、本当に楽器が作れるのか疑問をもつ。 ・「ギロってなに」など、疑問を声に出す。🔍1 ・どんな楽器ができるのか興味をもつ。 ・紙コップと片段ボール、色鉛筆があることを確かめる。 ・見本を見ながら両面テープをはがし、片段ボールを紙コップに巻きつける。	・片段ボール板と紙コップを持ち「今日は『ギロ』という楽器をこのふたつの材料で作ります」と伝え、製作への興味がもてるようにする。 ・「ギロは、ギザギザの切れ込みが入った木を、棒で叩いたりこすったりして音を鳴らす楽器」ということを伝える。 ・机の上に素材を配る。 ・片段ボール板に貼ってある両面テープをはがし、紙コップに貼るように伝える。 ・実習生も同時に製作し、見本を見せる。🔍2
10:30	●色鉛筆を数本ずつ、各机に置く。 （図） ●うた『かえるの合唱』	●ギロで遊ぶ ・紙コップを持ち、色鉛筆で色をつけながら音を出す。 ・片段ボール板の波に垂直に色鉛筆を動かし、でこぼことした感覚や音、色のつき方を楽しむ。 ・色鉛筆をゆっくり動かしたり、速く動かしたりして、音のリズムや聞こえ方に変化があることに気づく。🔍3 ・『かえるの合唱』に合わせて、ギロを演奏する。 ・みんなで演奏し、息を合わせることを楽しむ。	・好きな色の色鉛筆を持ち、紙コップに当てて音を出すことを伝える。 ・実際に音を出す様子を見本として見せ、色鉛筆を動かす方向や音色を知らせる。 ・色鉛筆を2本で鳴らしたり、速さを変えたりすることを提案し、音の変化に気づけるように声をかける。 ・『かえるの合唱』を歌い、カエルの鳴き声の部分では歌と合わせてギロも演奏するよう伝える。 ・歌声とギロの音色が合わさる様子を、子どもと楽しむ。
10:45		●片付ける ・演奏を終え、ギロを見ると色鉛筆の色がついていることに気づく。 ・作品に名前を書いてもらう。 ・かばんにギロをしまい、色鉛筆を片付ける。	・ギロの音やクラスでの演奏が楽しかった気持ちを言葉にして共有する。 ・実習生と保育者とで作品に名前を書く。 ・ギロはかばんにしまい持ち帰るよう伝える。

🔍1 **子どもの質問に答える準備**

聞いたことのない単語に反応し、「それなに？」と質問することも予想されます。イメージできるような説明を準備しておくと安心です。子どもの知りたい気持ちが満たされることで、好奇心や思考力が伸びていくことにもつながります。

🔍2 **わかりやすく伝える**

「巻く」と「貼る」が合わさった「巻きつけて貼る」という作業は、難しいものです。過程の見本を見せ視覚的に伝えましょう。

🔍3 **遊びの広がり**

同じ道具でも、どう使うかで変化をつけられると、その先の遊びも広がります。また、いろいろな音やリズムを出せると、「楽器が演奏できる」という自信につながります。

自己評価のポイント ✎

●音の出し方による変化など、子ども自身の気づきがあったか
●表現する楽しさを感じながら、演奏をしていたか

4歳児

責任実習・指導案例（保育所）
主活動：助け鬼

期日	20○○年9月15日（水）		クラス	4歳児　あお組	在籍	30名

前日までの子どもの姿
- 鬼ごっこなどのルールがある遊びを友だちと楽しんでいる。
- 片付けや手洗いなどの生活習慣で、できることをしなかったり、雑になったりすることがある。🔍1

ねらい
- 友だちと一緒にルールのある遊びを楽しむ。
- 見通しをもって自主的に生活する。

内容
- ルールのある遊び「助け鬼」を楽しむ。
- 準備や片付けに自分から参加する。

実習のポイント

🔍1 **子どもの姿を発達の節目として見る**

「できることをしなかったり」「雑になったり」といった姿は、一見マイナスに見える姿ですが、「周りを見る力がついた」「手を抜く」ということを覚えた成長過程と捉えることもできます。単純に「ダメなこと」「できないこと」とするだけでなく、どういった発達や年齢の特徴があってそのような姿が見えるのかも考えると、子どもへの理解が深まります。

🔍2 **次の活動へ向かう言葉かけ**

朝の集まりは子どもが見通しをもつために行います。「集まる」「静かにする」ことだけを目的にせず、楽しい1日の始まりを感じられるよう心がけましょう。

時刻	環境構成	予想される子どもの活動	援助のポイント
8:00		●順次登所 ・保育者や友だちに挨拶をする。 ・登所した子どもから、連絡帳をカゴに入れるなど、朝の準備をする。	・子どもや保護者に朝の挨拶する。 ・顔色や保護者からの聞きとりで健康状態を把握する。
8:30		●自由遊び ・ブロック・トランプ・ごっこ遊び、などで遊ぶ。	・遊びたいものが見つからない子どもを遊びに誘い、一緒に楽しむ援助をする。
9:10		●朝の集まり🔍2 ・日直（2名）が朝の挨拶をし、日にちと曜日を言う。 ・『こおろぎ』を歌う。 ・今日の活動を確かめる。 ・日直は事務室で欠席者を報告する。	・遊びを終え、集まるように声をかける。 ・名前を呼び出席確認をする。 ・『こおろぎ』をピアノで弾く。 ・今日の活動予定を知らせ、見通しがもてるようにする。
9:25		●リズム運動 ・動きやすい服装に着替え、ホールへ移動する。 ・実習生のピアノに合わせて、跳んだり走ったり、全身を動かす。	・ホールへの移動を促す。 ・テンポをゆっくりしたり速くしたりしながら、ピアノで『汽車ぽっぽ』を弾く。
10:00		●戸外へ行く準備・戸外で遊ぶ ・排泄、手洗い、うがい、水分補給をする。 ・固定遊具などで遊ぶ。	・「外に出て遊ぶために、帽子を被るよ」など、見通しがもてるよう言葉をかける。
10:25		●主活動「助け鬼」🔍3 ・保育者の周りに集まる。 ・鬼と逃げる子ども（グループ）に分かれ、ルールを確かめる。 ・助け鬼を楽しむ。 ・捕まった子どもは決まった場所に集まり、「助けて」と仲間を呼び、助けられることで繰り返し楽しむ。	・全員に集まるように言葉をかけ、5人ずつ6グループに分かれるよう伝える。 ・「助け鬼」のルールを説明する。 ・ルールを守って遊ぶ楽しさを伝える。 ・実習生も鬼役に入る。数回繰り返したのちは、子どもだけで遊べるよう、見守る。 ・「助けてもらえてよかったね」と喜びに共感する。
11:30		●入室 ・手洗い、うがい、排泄し、衣類が汚れた子どもは着替える。	・必要に応じて手洗いの援助をする。 ・全員が入室したか確かめる。🔍4

🔍3 **楽しさを感じ成長をする**

主活動を計画する際、子どもにとって楽しい活動となるかということを大切にして計画を立てましょう。子どもは「楽しい！」と感じたことのなかで大きく成長をしていきます。

🔍4 **人数を確認**

安全確認は保育で最も重要です。活動の節目や場所を移動した際には人数を確かめましょう。

時刻	環境構成	予想される子どもの活動	援助のポイント
12:00	机／机／机／実／配膳台	●昼食 ・当番はエプロンを着て、おかずを配る。 ・友だちや実習生と挨拶して食べる。 ・おかずを増やしたり減らしたりしたい場合は、食べる前に保育者に伝える。 ・食べ終わったら挨拶をして片付ける。 ●午睡準備 ・排泄や歯磨きをする。 ・パジャマに着替える。	・エプロンと三角巾を着け、手洗いをして当番と食事の準備をする。 ・当番以外の子どもに、片付け、排泄、手洗いをすませてくるよう声をかける。 ・全員が食事を始めたら、一緒に食事をする。 ・準備や片付けは子どもと一緒に行う。 🔍5 ・午睡の準備をする。 ・パジャマの着替えや歯磨きの援助をする。
13:30		●午睡 ・午睡前に『いやいやえん』を聞く。 ・午睡をする。	・静かな雰囲気で話を楽しめるように『いやいやえん』を読む。🔍6 ・午睡を見守る。
14:45		●起床 ・目が覚めたら排泄し、着替える。 ・自分の布団をたたむ。 ・なかなか起きられない子どももいる。	・カーテンを開けたり、換気をしたりして自分で起きられるようにする。 ・起きられない子どもには個別で声をかける。
15:00		●おやつ ・当番のグループは手を洗い、配膳をする。 ・各グループごとに食べる。 ・当番に「ありがとう」と感謝を伝える。	・当番の子どもに時刻を知らせ、おやつの準備を促す。 ・当番のグループに「ありがとう」と言葉をかけ、他の子どもにも働きを伝える。
15:30		●好きな遊び（室内） ・ごっこ遊び・オセロ・トランプ・ラキュー・描画などで遊ぶ。	・遊びが楽しめるよう、環境を整える。 ・仲間関係の仲立ちをする。
16:00		●片付ける ・実習生の言葉を聞き、戸外で「助け鬼」をすることを楽しみにして、片付ける。	・保育室を片付け、戸外で「助け鬼」をしようと誘う。 ・積み木などの作品は、後で続きができるようにすることを伝える。
16:15	砂場／鉄棒／うんてい／遊具	●自由遊び（戸外） ・「助け鬼」で遊びたい子どもは実習生と一緒に遊ぶ。 ・うんていや砂遊びなどをする子どももいる。 ●入室 ・遊具を片付け、入室する。 ・必要に応じて着替え、帰りの準備をする。	・午前中の活動「助け鬼」を子ども同士の自由遊びでもできるよう援助する。🔍7 ・危険がないよう全体を見守り、遊びの援助をする。🔍8 ・入室の時刻であることを伝え、他の遊びをする友だちにも声をかけるよう促す。
17:00	実	●帰りの集まり ・日直が挨拶をする。 ・保育者の話を聞き、今日を振り返る。 ・明日の日直を確かめ、明日の活動への見通しをもつ。	・日直の子どもに言葉をかけ、帰りの会を始める雰囲気をつくる。 ・明日の日直を発表し、活動の見通しももてるよう話す。
17:15	10人ずつ床に座る	●降所 ・個人の持ち物をリュックに入れ、帰りの準備をする。 ・保護者が迎えにきたら、随時降所する。	・連絡帳、個人タオル、歯ブラシなどをリュックに入れるよう伝える。 ・体調の変化など、必要な申し送りを保護者に伝える。

0〜5歳児

4歳児

🔍5 自分でできる！子どもにおまかせ

子どもの自立を促すこと意識し、子ども自身でできることは任せていきましょう。保育者がどんなことを子どもに任せているかを日頃からよく見ておき、参考にしましょう。

🔍6 豊かな活動の展開

食事や午睡など、主活動以外にも生活を豊かにする保育活動を計画できると、子どもの毎日が楽しくなりますね。

🔍7 普段の遊びでも主活動を楽しむ

主活動は子どもの遊びを豊かにするものを考え、子ども自身が遊びたいときにできるよう、自由遊びの際に提案しましょう。

🔍8 他の保育者との連携

戸外などの広い場所での見守りは、他の保育者との連携が必要です。空間のどこにいればよいかなど、自分以外の保育者の動きにも意識を向けましょう。

自己評価のポイント ✏

●ルールを守って遊ぶことで、より遊びが楽しくなることを子どもが感じていたか
●子どもが準備や片付けを自主的に取り組めるよう、働きかけることはできたか

5歳児 (保育所)

生活の自立が進むなか、保育者の見守り方や援助の方法を学びましょう。

国が定める職員配置基準＝子ども30人：保育士1人（保育士は1クラス2名以上配置することが原則）

5歳児クラスで学びたいこと

●「自分たちでできた」「友だちと協力してできた」ということが実感できるような、保育者の関わり方を学びましょう。 	●「自分たちだけでできた！」という実感をもつことで、子ども同士の仲間意識を深めることができます。そのためには保育者は前に出ず、後ろでさりげなく援助をする方法を知る必要があります。 
●役割のある遊びや活動での子どもの姿を知りましょう。 	●自分の役割を果たすことに喜びを感じるようになる時期です。遊びや当番活動を通して、人の役に立てる喜びを感じる経験が、社会性へとつながります。
●小学校生活を意識した活動や働きかけを学びましょう。	●小学校生活にスムーズに移行できるような生活が求められます。時間を意識した生活の流れや、持ち物の管理など、保育者の取り組みを観察しましょう。 
●園外活動（散歩・遠足）を通して、公共の場でのルールや振る舞いの伝え方を学びましょう。	●行動範囲が広がる子どもに、社会のなかで生きていくために必要なルールやマナーを伝えることが求められます。

配慮のポイント

- 行動を促す場合、「○○ちゃん丁寧にやっているね」というような、してほしい姿に子どもが注目できるとよいでしょう。「誰が一番かな？」という言葉のかけ方は競争心がエスカレートすることもあるので控えましょう。

- 子どもに説明をする際は「どこまで理解しているか」ということを意識しましょう。わかりやすい見本を用意したり、説明の間に問いかけたりするなどして、確かめることも必要です。

先輩からのメッセージ

　率先して取り組んだことが園の基準や保育者の考えと違い「よかれと思ってやったのに……」と思うことは、「保育実習あるある」のひとつです。単純なことでも相談・確認することを心がけましょう。探り探り行動するより思いきって確かめる方が、迷惑もかからず多くの学びが得られるはずです。

遊びのアイデア

ファッションショーごっこ

⇨ 指導案はP.68

用意するもの
- ●カラーポリ袋（白、水色、黒色など） ●カラービニールテープ ●セロハンテープ ●マスキングテープ ●丸シール ●色紙

❶あらかじめ首と両腕を通す穴を開けておいたポリ袋に、マスキングテープやカラービニールテープ、丸シール、色紙を貼って服を作る。

❷作った服を着てファッションショーを行い、見てほしい所を発表する。

生け花アート

⇨ 指導案はP.69

用意するもの
- ●プラカップ ●油性ペン ●ボタン ●ビーズ ●木工用ボンド

❶油性ペンでプラカップに模様を描いたり色を塗ったりする。その後木工用ボンドで、ボタンやビーズをつけて飾る。

❷園庭や公園で草花を摘む。

❸花瓶に生けて楽しむ。

※草花を摘む際は、
事前に各所に許可を取りましょう。

 歳児 **記録例（保育所）**

期日	20○○年2月11日（金）	クラス	5歳児　くま組
天候	晴れ	在籍	30名（出席27名／欠席3名）

実習のポイント

本日の目標
●保育者と子どもの関わりを観察し、どのような援助をしているかを知る。
●5歳児の発達について理解を深める。

時刻	子どもの活動	保育者の動き	実習生の動き（●）／気づき（＊）
8:25	●随時登所 ・保育者や友だちに挨拶をする。 ●自由遊び ・あやとり、カードゲームなどで遊ぶ。 ・（Aちゃん、Bちゃん）菓子の空き箱でことりの家を作る。 ・（Dちゃん）次々に遊びが移る。	・子どもや保護者に笑顔で挨拶をする。 ・遊びを見守る。 ・玩具を出したまま別の遊びをするDちゃんに、「まだ使っているの？」と声をかける。🔍1	＊保育者は受け入れの際、健康チェックも行うことがわかった。 ＊あやとりで難しい技に挑戦していて、器用だと感じた。 ＊ペンを使う際は、紛失防止のためキャップをペンの後ろに付けるというルールがあると知った。🔍2
8:45	●出欠確認 ・当番は保育者から出席人数を聞いて出席票に記入し、事務室と給食室へ知らせる。	・出席を確認して当番へ伝え、出席票の確認印を押す。	・Dちゃんの遊びが続くよう楽しく話しかけて見守る。
9:00	●戸外遊び ・鉄棒、縄跳び、ごっこ遊び、サッカーなどをする。 ・（Gちゃん）Hちゃんをかけっこに誘う。	・保育室に戻る時刻をあらかじめ伝える。 ・全体を見渡せる位置で、子どもと遊ぶ。 ・逆上がりの補助をする。	・落ち葉や枝を集めて「焚火ごっこ」をする。🔍3 ＊遊びに加わる際、「いれて」「いいよ」というやり取りを自然にしていることに気づいた。
10:00	●保育室に戻る・室内遊び ・手洗い、うがい、排泄、水分補給をし、必要に応じて着替える。 ・ごっこ遊び、パズル、カードなどで遊ぶ。 ・（Iちゃん）積み木を並べてドミノ倒しをする。友だちが集まり一緒に喜ぶ。 ・（Lちゃん、Mちゃん）カード遊びのルールをめぐってトラブルになる。	・手洗いや水分補給の確認をする。 ・子どもの遊びを見守りながら、玩具や道具の片付けができていない場面では声をかける。 ・Lちゃん、Mちゃんの気持ちを代弁してけんかの仲立ちをする。🔍4	＊5歳児は自分でトイレに行くが、大便の際には、きちんと拭いたか確認することもあると知った。 ・Iちゃんに誘われて一緒にドミノ倒しをする。スペースを考えながら積み木を並べる。 ＊楽しく遊ぶためには始めにルールを確かめることが大切だと感じた。
11:30	●片付け、昼食準備 ・玩具を片付けて椅子を運ぶ。 ・手洗い、排泄をする。 ・お箸セットを用意する。 ・当番は配膳する。	・机を並べて拭き、昼食の準備をする。 ・当番と一緒に配膳する。	・子どもと一緒に玩具を片付ける。 ・昼食の準備を手伝う。

🔍1 **意図的な言葉かけ**
「片付け」とコールしなくても、伝えることができます。子ども自身が気づくような声をかけましょう。

🔍2 **クラスや園のルール**
5歳児になるとさまざまな場面でルールを守ることができます。みんなが気持ちよく生活できるよう道具の使う際のルールや約束事などを知り、そのねらいも考えてみましょう。

🔍3 **想像力に共感する**
遊びの世界や、遊びへの思いに共感しましょう。そのうえで援助することが保育者の専門的な技術です。

🔍4 **トラブルの援助**
保育者はしばらく見守り、事態の収拾がつかないようなら仲立ちをします。その際、ただ「ごめんね」と言わせるのではなく、互いに気持ちを伝え、それぞれが納得できるようにします。

時刻	子どもの活動	保育者の動き	実習生の動き（●）／気づき（*）
11:40	●昼食 ・当番が前に出て挨拶をし食べ始める。 ・午後の楽しみを話しながら食べる。 ・（Rちゃん）苦手な青菜を食べてみようと挑戦する。🔍5 ・ごちそうさまの挨拶をする。 ・歯磨きをする。	・子どもと一緒に昼食を食べる。 ・話が盛り上がりすぎて手が止まってしまうPちゃんのそばへ行き、「食べてからお話ししようね」と伝える。 ・片付けをして、床の掃除をする。	・一緒に食べる約束をしたOちゃんのグループの席に座り、一緒に食べる。 ・子どもと一緒にRちゃんを応援する。 ＊楽しい雰囲気で食事することを大切にしていた。 ＊アレルギーのある子どもは別のテーブルで食事すると知った。
12:30	●自由遊び ・お絵描き、折り紙、製作などで遊ぶ。 ・好きな絵本を見る。	・折り紙など席に座って遊ぶものを用意する。🔍6 ・絵本『おちばいちば』『14ひきのひっこし』を読む。	＊食後はゆっくりと過ごす時間が大切だとわかった。
14:00	●戸外遊び ・鬼ごっこ、砂遊びなどで遊ぶ。 ・保育者の誘いでドッジボールをする。	・子どもの遊びを見守る。 ・園庭には、くま組しかいない時間なので、「みんなで遊ぼう」と誘いドッジボールを提案する。🔍7	＊園庭を広々と使い、みんなでルールのある遊びができるチャンスをつくったのだと思った。
15:00	●おやつ ・手洗い、うがい、排泄をし、必要に応じて着替えて席に座る。 ・（Uちゃん）「もうすぐしょうがくせいだから」と言い、苦手な牛乳を一口飲む。 ・おやつを食べる。	・机を並べておやつの準備をする。 ・「おやつはしっかりと噛んで食べようね」と話す。	・Uちゃんのそばに座る。 ＊Uちゃんの姿を見て、もうすぐ小学生になることを自覚し自信をつけたいのだと思った。 ・机を拭いて片付ける。
15:30	●自由遊び ・帰りの準備をする。 ・集まりの時間まで絵本を読むなどして自由に遊ぶ。	・連絡帳を返却をする。 ・ロッカーに忘れ物がないことを確かめる。🔍8	・「あとはタオルかな」などと声をかけながら帰りの準備を見守る。
16:00	●帰りの集まり ・保育者の話を聞く。 ・帰りの挨拶をする。		・帰りの集まりを笑顔で見守る。
16:15	●延長保育の保育室へ移動 ・荷物を持って移動し、迎えまで自由に遊ぶ。	・今日の活動や遊びの様子を話し、認める。	・保育室の掃除など環境整備をする。

振り返り・考察

これまで実習した3・4歳児クラスより保育者の声かけが少なかった。見通しが持てるような言葉をかけることで、遊びに夢中になっていても「あっ、かたづけないと！」と子ども同士で声をかけていた。自ら気持ちを切り替えているので片付ける様子も楽しそうだと感じた。

積み木遊びでは、何人かの子どもが「いっしょにやっていい？」とIちゃんに聞き、一緒に並べ始めた。保育室にあったすべての積み木を使いとても長いドミノができ、「せーの」と声をかけ一気に倒した。すべて倒れるとみんな「やったぁ！」ととても嬉しそうだった。近くで遊んでいた子どもも手を止めドミノが倒れるのを見守り一緒に喜んでいた。

5歳児はいろいろなことを自分で考えて行動することができ、保育者はどのくらい援助すればよいか考えながら関わることが必要だと感じた。そのために一人ひとりの理解をより深めていきたい。

0歳児 1歳児 2歳児 3歳児 4歳児

5歳児

🔍5 **子どもの気持ちに寄り添う**

食べ物の好き嫌いへの対応は、園によってさまざまです。園の方針を確かめたうえで援助しましょう。

🔍6 **食後の過ごし方**

年度末が近づくと小学校生活へ向けた準備として午睡をしない園が増えます。5歳児以外は午睡するので静かに過ごしますが、「静かにさせる」のではなく、「子どもが静かに過ごそうと思う環境をつくる」ことが大切です。

🔍7 **育ちにつながる遊びの提案**

それぞれ違う遊びをしたい場面では子どもの思いを尊重しますが、保育者から遊びを提案する場合もあります。園庭を広く使えるなら、ボール遊びやリレーなどがおすすめです。

🔍8 **信頼関係を大切に**

子どもが準備をする間は見守り、済ませたあとでロッカーやタオルかけを確かめます。忘れ物が見当たらなければ、さらに子どもに声をかけて確認する必要はありません。子どもとの信頼関係を大切にし、必要に応じて援助しましょう。

先輩からのメッセージ

責任実習の際、流れを覚えられず指導案を見ながら進めました。計画を立てた後、さまざまな場面を想定してシミュレーションしておくことが大切だと感じました。

5歳児 部分実習・指導案例（保育所）
ファッションショーごっこ (遊び方➡P.65)

実習のポイント

期日	20○○年10月7日（火）	クラス	5歳児　ふじ組	在籍	24名

前日までの子どもの姿
- 絵本の場面を絵に描いたり積み木を並べたりして、再現しようとする。
- 自分の製作物を見せ、なにを表現したかを説明する。

ねらい
- 自分の着たい服を自分なりにアレンジする。

内容
- イメージした服を作ることを楽しむ。
- 友だちの作品を見て、自分との違いや工夫に気づく。

時刻	環境構成	予想される子どもの活動	援助のポイント
10:00	●白、水色、黒のポリ袋（人数分＋予備）をハサミで切り、手と頭を通す穴を開けたものを、色別にまとめておく。 ハサミで切る カラーポリ袋	●実習生の話を聞く ・自分で服に飾りつけることにわくわくする。 ・どう飾りつければよいのか、イメージが湧かない子どももいる。 ・実習生の見本を見て、飾りつけのイメージをもつ。 ・自分が使いたい色を口に出す。 ・ファッションショーへの期待や活動の見通しをもつ。	・ポリ袋を裏返し、なにも貼っていない状態を見せ、今から自分の服を作ることを伝える。 ・ポリ袋を表にし、飾り付けの例を紹介する。🔍1 ・ポリ袋は白、水色、黒の3種類から選ぶよう伝える。 ・できあがったら、みんなでファッションショーをすることを提案する。
10:10	●マスキングテープ、ビニールテープ、丸シール、色紙を種類別にカゴに入れておく。 ●子どもへ見せる見本用に、片面のみに飾りつけしたものをひとつ作っておく。	●ポリ袋に飾りつける ・実習生からポリ袋を受け取り、座る。 ・シールやテープ、色紙を使って、自由に飾りつける。 ・飾りつけのイメージがまとまらず、ポリ袋や素材を見て考える子どももいる。 ・できあがったら実習生に見せる。 ・ゆっくり作る子もいる。	・使いたいポリ袋の色を尋ね、ポリ袋を手渡す。 ・材料を配り終わったら、子どもが製作する様子を見て回る。 ・飾りつけに迷う子どもには、「○○ちゃんの好きな色のテープは?」などと声をかけ、援助する。🔍2 ・作り終わった子どもには、着て鏡で映して見るように促す。
10:30	（教室の図） 発表者	●ファッションショーをする ・服を着て、席に座る。 ・服の見てほしいところを発表して、ポーズをとる。 ・友だちの服を見て、自分の作品との違いに気づき発言する。	・自分の服のどこを見てほしいか、順番に保育室を1周してから話すよう促す。 ・見ている子どもに、発表者の素敵なところを言う機会をつくる。
10:50		●ファッションショーを終える ・服を近くの友だちに見せたり、近くの鏡で自分の姿を映したりする。 ・テープの切れ端や色紙などを片付ける。🔍3	・全員が発表したことを確かめ、ファッションショーが楽しくできたことを一緒に喜ぶ。 ・余ったポリ袋と素材を子どもと片付ける。

🔍1 **想像力を広げる**

見せ方を工夫し驚きを引き出すと、意欲を高められます。また、見本ではなく例として紹介する場合は、「先生は赤色のお花が好きだから」など、方法ではなく理由を伝えましょう。

🔍2 **援助の言葉かけ**

子どもの創造力や意欲を引き出す言葉をかけましょう。「これ使ったら?」「こんなふうにしたら?」というイメージの押し付けには気をつけましょう。

🔍3 **次の活動への切り替え**

片付けは終わりを知らせ、次の活動への気持ちの切り換えタイムです。「あとはロッカーの前に置こう」「きれいになったかな」などと、クラス全体に向けて言葉をかけしましょう。

自己評価のポイント
- 製作の見通しをもち、イメージを具体化することを楽しんでいたか
- 友だちの作品を見て楽しめる環境になっていたか

5歳児 部分実習・指導案例（保育所）
生け花アート（遊び方➡P.65）

期日	20○○年6月18日（木）	クラス	5歳児　くじら組	在籍	28名

前日までの子どもの姿	ねらい
●朝の会で保育者が1日の流れを伝えると、「おひるごはんたべたらそとにいくんだよね」と言葉にして確かめている。保育者が声をかける前に次の活動の準備をするなど、見通しをもって生活している。 ●花壇の花や散歩で見かける花に興味をもち、名前を尋ねたり、教え合ったりしている。	●自分で花瓶を作り、摘んだ草花を生けることを楽しむ。

内容
●プラカップに色を塗り、ボタンやビーズをつけて花瓶を作り、草花を選んで飾ることを通して、作り上げる楽しさや友だちとの違いに気づく。

実習のポイント

時刻	環境構成	予想される子どもの活動	援助のポイント
10:00	●プラカップを人数分＋予備分用意しておく。 ●油性ペンセットと木工用ボンドを各班分＋予備を用意しておく。 	●花瓶作りの話を聞く ・実習生の話を聞き「かびんしってるよ」と言う子もいる。 ・実習生の花瓶を見て、これから作る花瓶をイメージする。 ・ビーズやボタンをどのように飾りつけようかと、製作への意欲を高める。 ・草花を作った花瓶に飾る見通しをもつ。	・「花を飾る自分だけの『花瓶』というものを作る」と伝える。 ・プラカップに色を塗り、ボタンやビーズをつけてものを見せ、完成品のイメージを見せる。 ・油性ペンで色を塗り、ボタン、ビーズをボンドでつけて飾るように伝える。🔍1 ・花瓶ができあがったら、草花を摘んで花瓶に飾ることを知らせる。
10:10	●ビーズ、ボタンを種類ごとに箱に入れ、各机に置いておく。	●自分の花瓶を作る ・油性ペンでプラカップに模様を描いたり、色を塗ったりする。 ・いつもは絵を描かない素材に絵や線を描くことを楽しむ。 ・ボンドの量を調整しながら、ビーズなどをプラカップに自由に飾る。 ・素材を組み合わせ、顔や動物を作ろうとする子どももいる。 ・友だちの作品を見て、いいと思った色の配置や素材の組み合わせを真似する。	・自由に模様や色をつけるよう伝える。 ・自由な線や模様の描き方を認める言葉をかける。 ・タイミングを見て、ボタンやビーズをボンドでつけるよう声をかける。 ・床に落ちた素材は踏まないよう拾っておく。 ・机ごとに素材の減り方を確かめ、足りなくなったら予備の素材を追加する。 ・「ボタンとビーズを順番に並べたんだね」など、一人ひとりに言葉をかける。
10:40	●花壇で育てている花など、摘んではいけないものは事前に確認し、子どもへ伝える。	●草花を飾る ・帽子を被り、外に出る準備をする。 ・作り終える時間には個人差がある。 ・自分が作った花瓶に飾るイメージをもちながら、草花を選ぶ。🔍2 ・自分の花瓶に草花を飾り、達成感を味わう。	・花瓶ができあがったら机の上に置き、帽子を被って外に出る準備をするよう伝える。 ・外に出て好きな草花を摘むように促す。 ・草花を摘み終えたら保育室に戻り、花瓶に水を入れて草花を飾るよう声をかける。
10:50		●友だちの作品を見る ・棚の上に花瓶を飾る。 ・友だちの作品を見る。 ・花瓶の装飾や生けた草花の違いを味わう。	・棚の上に花瓶を置くよう伝える。 ・友だちの作品と並べて、自分の作品との違いや友だちの作品のよいところに気づけるようにする。🔍3

🔍1 素材の特性を理解する

紙粘土の特性がわかると、「紙粘土を貼る」や「埋め込んで飾る」が理解できます。子どもの理解度に合わせ「くっつける」「のせて上から押す」に言い換えるなど、柔軟に対応しましょう。

🔍2 まずは見守る

イメージを実現しようとする姿を尊重し、見守りましょう。困っている子どもがいたら、花の色や大きさなど、答えやすい問いかけをして、イメージを言葉にできるよう援助します。

🔍3 豊かな感性が育まれる

同じテーマで製作をしても、いろいろな作品ができあがることを知ることができます。友だちの作品を見て違いを感じたり、よさを感じたりすることで豊かな感性が育まれていきます。

自己評価のポイント
●身近な草花に親しむことができたか
●子どもの表現したい気持ちを尊重しながら援助ができたか

5歳児 責任実習・指導案例（保育所）
主活動：リース作り

実習のポイント

期日	20○○年11月24日（水）	クラス	5歳児　つばめ組	在籍	30名

前日までの子どもの姿	ねらい
●秋の探索活動で、自然物に触れ、ドングリごまなどの製作を楽しんでいる。 ●係活動などを通して、仲間と協力して生活をつくり出すことに自信をもっている。	●自然に触れる製作を通して、植物の種類や特徴に興味をもつ。 ●生活習慣を自分たちでできることを喜ぶ。

内容
●秋の自然物を使った「リース作り」を楽しむ。 ●係活動、当番活動に自ら取り組む。

時刻	環境構成	予想される子どもの活動	援助のポイント
8:00 8:30 8:45 9:00 9:30 9:50 10:00	洗面所 トイレ 滑り台 出入り口 ロッカー 構成遊びスペース ごっこ遊びスペース 遊具棚 <用意するもの> ●中央をくり抜き、リボンをつけた紙皿 リボン／紙皿／くり抜く ●松ぼっくり、ドングリ、クヌギ、ドライフラワー ●木工用ボンド、新聞紙、ハサミ、リボン	●順次登所 ●保護者や友だちに挨拶をする。 ●早朝保育では小さい子どもの世話をする子どももいる。 ●各クラスに移動する前に玩具を片付ける。 ●移動 ●各クラスへ移動して、好きな遊びをする。 ●クラスの友だちと挨拶し、「外でサッカーしよう」など約束する。 ●片付け・朝の集まり ●各グループごとに座る。 ●当番は前に立ち、朝の挨拶をする。 ●欠席の友だちを確かめる。 ●今日の活動を確かめる。 ●係活動 ●花壇の水やり、生き物の世話、ロビーの清掃など、係の活動をする。 ●運動遊び ●庭を走り、うんてい、タイヤ跳びなどのアスレチックをする。 ●手洗い・うがい・排泄・水分補給 ●水筒で水分補給をする。 ●主活動「リース作り」 ●グループごとに着席する。 ●自然物（ドングリや松ぼっくり、ドライフラワー）を使った「リース」を製作する。 ●自由にレイアウトする。 ●ドングリの形や大きさの違いに気づき、友だちや実習生に伝える。 ●できあがったら実習生に知らせる。	●子どもや保護者に挨拶をする。 ●早朝保育の保育者から子どもの様子を聞きとる。🔍1 ●各クラスへの移動する声をかける。 ●玩具の片付けを手伝う。 ●クラスの子どもを受け入れ、保護者から家での様子を聞きとる。 ●前日休みの子どもには、体調を確かめる。 ●当番の子どもに朝の集まりを呼びかけるよう促す。🔍2 ●今日の欠席者、今日の予定を伝える。 ●係の仕事をした後、ねぎらいの言葉をかけ、席に座るよう伝える。 ●係の仕事を見届ける。 ●給食室へ今日の食事数を連絡する。 ●「腕を振って走っているね」など、身体の使い方に気づける言葉をかける。 ●全員戻っているか確かめる。 ●秋の探索活動で収集した自然物を使った「リース作り」を提案し、材料を配布する。 ●ドングリにもさまざまな種類があることなど、自然物への興味・関心が深まるような言葉をかける。🔍3 ●製作が進まない子どもや集中できない子どもと一緒に作り、道具の扱い方や楽しさを伝える。

実習のポイント

🔍1 保育者の連携

保護者の就労によるニーズから、時差出勤が必要な状況があります。そのため、ひとり担任のクラスでは、早朝保育を担った保育者から、子どもの様子を聞きとり、保護者からの連絡などの申し送りが必要です。こうした連携によって子どもの心身の健康状態が守られ、保護者の安心につながることを理解しましょう。

🔍2 子どもが生活の主体になる援助

保育は子どもの自立を助けること。朝の集まりや、遊具の片付けなど、活動の節目の声かけも、保育者がするのではなく、子どもが気づき、お互いに声をかけ合えるよう援助しましょう。「自分たちでできた」という実感をもつことが大切です。

🔍3 活動を豊かにする働きかけ

5領域でいう「表現」「自然」「言葉」が重なりあう活動です。素材の特徴をみつけたり、言葉にしたり、作って表現したりすることを楽しみましょう。そのために「上手だね」などの評価よりも「細長いドングリをつけたんだね」などの事実を認めたり、表現したりする言葉をかけるとよいでしょう。

時刻	環境構成	予想される子どもの活動	援助のポイント
12:15	配膳台 （図：机の配置） 机／実 机／机 机／机	●昼食の準備 ・給食当番はグループで声をかけ合い、食事の準備をする。 ・当番以外の子どもは好きな遊びをしながら待つ。 ●昼食 ・当番が食事の準備ができたことを知らせる。 ・各自で配膳し、友だちと一緒に挨拶をして食べ始める。 ・つぎ分けたものは残さず食べられるか、自分で判断して配膳する。 ・クラス全員に行き渡る量かどうかを考えておかわりをする。 ・食べ終わったらお皿を片付ける。	・給食室へ鍋や食器類などを、当番の子どもと一緒に取りに行く。 ・安全面を配慮し、消毒液の補充や熱い鍋をワゴンから下ろすなどは保育者や実習生がする。🔍4 ・当番の子どもに準備ができたら友だちに声をかけるよう伝える。 ・配膳の様子を観察し「もう少し入れようね」など、必要な量の食事がとれるよう援助する。 ・おかわりにきた子どもに、まだ食べ始めていない友だちがいないかなど、考えて配膳できるようにする。🔍5
13:15		●歯磨き・排泄 ・洗面台で歯を磨く。 ・鏡を見てきれいになったか自分で確かめる。 ・歯磨きを嫌がる子どももいる。	・前歯や奥歯など部位によって磨き方が異なることを伝える。 ・歯磨きが終わったら、洗面台の水しぶきを拭くよう伝える。
13:30		●自由遊び（戸外） ・就学前のため午睡はせず、戸外で遊ぶ。	・給食室へ食器を返却する。 ・戸外で遊びを見守る。
14:15		●入室・手洗い・うがい・排泄 ・汚れた場合は着替える。	・片付けて入室するように声をかける。
14:30		●おやつ準備・おやつ ・当番はおやつを準備する。 ・挨拶をしておやつを食べる。 ・お皿を片付け、うがいをする。	・子どもが準備できるところは任せ、自分たちで生活している手応えを感じられるよう援助する。
15:00		●当番活動 ・洗濯物たたみ、玄関の清掃、飼育小屋の掃除などをする。 ・当番活動を雑にする子どももいる。	・クラス内だけでなく、保育所全体に視野が広がるよう、当番活動の内容を担任の保育者と相談して決め、5歳児としての役割を感じられるようにする。🔍6
16:00	（図：机といすの配置） 実 ｜｜｜ ろうか 10人ずつ椅子に座る 🔍7	●帰りの集まり ・当番は帰りの集まりを始めることを伝え、挨拶をする。 ・明日の予定などを話し合う。 ・配布物を受け取り、かばんに片付ける。	・当番に集まりを始める時刻を伝える。 ・主活動で行った「リース作り」の振り返りを促す。 ・翌日の予定を伝え、子どもからも意見を引き出す。🔍8 ・お便りなどの配布物を配る。
16:30		●夕方保育へ移動 ・3・4・5歳児異年齢での合同保育のため、保育室を移動する。 ・好きな遊びを見つけ、異年齢で遊ぶ。	・夕方の保育を担当する保育者へ日中の子どもの様子や、保護者への連絡など申し送りをする。
17:00		●順次降所 ・保育者や友だちに挨拶をする。 ・忘れ物がないか確かめ、自分の荷物を持って帰る。	・迎えに来た保護者への対応する。 ・製作した「リース」の乾きを確かめ、保育室に展示する。

🔍4 **子どもと大人の仕事を整理**

子どもの自立のために、子どもと大人の仕事を分担することが重要です。保育者は子どもに指示をするのではなく、一緒に生活をする仲間として、子どもと対等な関係を育みましょう。

🔍5 **食事についての配慮を**

保育所によっては、一斉に食事をしない場合があります。それはなぜか理解したうえで、どの子どもも安心して生活ができるよう、全体をよく観察しましょう。

🔍6 **要求の意味**

当番や係活動は、子どもがやりがいをもち、感謝される経験を通して、社会の一員として役割を担います。また、クラスだけでなく、保育所全体に活動を広げることで、5歳児としての意識を育てます。活動の意味についても考えてみましょう。

🔍7 **環境設定**

集まりに集中できるように、子どもは人通りがある方に背を向けて、座るようにします。

🔍8 **子どもの意見を引き出す**

翌日の予定について、保育者が一方的に連絡するのではなく、「明日はなにがしたい？」「こうしようと思うけど、どうかな？」など、子どもの意見も引き出し、実際に取り入れましょう。自分たちの意見が取り入れられる積極性が育まれます。

異年齢児 (保育所)

年齢を超えたさまざまな関わりで育つことが、異年齢児クラスの特徴です。

国が定める職員配置基準＝3歳児/子ども20人：保育士1人
4・5歳児/子ども30人：保育士1人（保育士は1クラスに2名以上配置することが原則）

異年齢児クラスで学びたいこと

● 年上の子どもが、年下の子どもの世話をするなどの関わりのなかで、生きる力が育つことを知りましょう。

→ 年下の子どもの世話をしたり、できないことを手伝ったりすることで、年上の子どもは思いやりの心や自分に自信をもつというメリットが期待できます。異年齢ならではの関わりのなかでどのような成長が見られるか学びます。

● 年下の子どもが、年上の子どもの姿を身近で見て、一緒に活動をするなかで育つ力を知りましょう。

→ 年上の子どもの姿を見ることで、目標をもって活動に取り組んだり、自分自身も年下の子どもへ同じように接しようとする思いやりの心が育まれます。子ども同士が学ぶ姿をよく観察してください。

● 年齢に幅のある集団の遊びや生活のなかで、保育者がどのような安全配慮をしているか学びましょう。

→ 年齢の差による運動能力の違いがあるため、同年齢のみのクラスと安全への配慮点が異なります。どの年齢の子どもも安全に楽しく過ごせる工夫や環境の整え方を会得します。

● 発達による理解度の違いに配慮した、保育者の言葉のかけ方を学びましょう。

→ 同じクラスの子どもでも、年齢の差から生じる認識力や理解度に違いがあるため、保育者の言葉選びが重要です。一斉に話す際に使う言葉、個別に話すときに使う言葉の違いを観察してください。

配慮のポイント

● 年齢の違いで生まれるあらゆる発達の違いによって事故がおきないよう、安全面に配慮した活動や環境の設定をしましょう。

● 認識力や理解度に差があるので、できないことやわからないことに対して、安心して助けを求めたり尋ねたりすることができる雰囲気を大切にしましょう。

● 「年上の子がお世話する―年下の子はお世話される」など、固定的な役割や関係で見ないようにします。

先輩からのメッセージ

「こんなことがやってみたいな」というアイデアがあれば、遠慮なく先輩保育者に相談してください。安全面で手直しされる場合もありますが、積極的な姿勢が大切です！ うまく立ち回ろうとする必要はありません。先輩保育者や子どもとたくさん関わり経験値を上げてくださいね。

遊びのアイデア

季節の壁面作り

⇨ 指導案は**P.76** 型紙は**P.149**

用意するもの
● 画用紙（モチーフに合わせて色を変える） ● 丸シール ● カラーペン ● クレヨン ● ハサミ

❶年齢が混合のグループをつくり、下描きしておいた線に沿って画用紙をハサミで切って季節のモチーフを自由に飾りつける。
5歳児…3歳児のモチーフを切って渡す。
4歳児…自分でモチーフを切る。

❷5歳児がリーダーとなり、グループで作ったモチーフをどのように飾るか考えて壁にレイアウトする。モチーフの裏には名前を書く（5歳児は文字を書く経験をする）。

しっぽとり

※基本のルールを紹介します。子どもの姿に合わせてルールをアレンジして遊んでみてください。

⇨ 指導案は**P.77**

用意するもの
● すずらんテープ（赤…30㎝、黄色…40㎝、青…50㎝）

❶色別にすずらんテープを切り、片方の端を片結びし各年齢のしっぽを作っておく。

❷ズボンにすずらんテープの結び目をはさみ、年齢ごとに、走り方を変えてしっぽとりをする。
3歳児…自由に走る
4歳児…片足跳びで逃げる・追いかける（左右は変えてよい）
5歳児…両足跳びで逃げる・追いかける

3歳児-30cm　4歳児-40cm　5歳児-50cm

記録例（保育所）

異 年齢 クラス（3・4・5歳児）

期日	20○○年9月29日（金）	クラス	3・4・5歳児　ぞう組 （3歳児：10名　4歳児：12名　5歳児：10名）
天候	晴れ	在籍	32名（出席32名／欠席0名）

本日の目標
- 各年齢の援助に着目し、意図を考えながら観察する。
- ボール遊び大会での子どもの育ちや、保育者の配慮を知る。

実習のポイント

時刻	子どもの活動	保育者の動き	実習生の動き（●）／気づき（＊）
8:00	●順次登所 ・朝の準備をする。 ●自由遊び🔍1 ・ブロック、パズルなどで遊ぶ。	・保護者に挨拶し、子どもの様子を尋ねる。 ・安全を見守りながら一緒に遊ぶ。 ・連絡帳に目を通す。	・支度を見守り、必要があれば援助し、遊びに誘う。 ＊年齢に関係なくさまざまな遊びをしている。 ・3歳児にはトイレへ付き添う。
9:30	●朝の会 ・各年齢の当番が挨拶をする。 ・『あさのうた』を歌う。 ・ボール遊び大会の話を聞き楽しみにする。	・『あさのうた』の伴奏をする。 ・当番の仕事の確かめる。 ・今日のボール遊び大会について話をする。	＊当番は3・4・5歳児、一人ずつで、助け合って当番の仕事をする。 ＊心待ちにしている予定を伝え、1日に期待をもって過ごせる雰囲気をつくっていた。🔍2
9:45 10:15	●ボール遊び大会🔍3 ・帽子を被り、靴を履いて外廊下で待つ。 ・5歳児が3・4歳児を手伝う。 ・当番と5歳児が道具の準備をする。 ・整列する。 ●〈ボール運びリレー（3・4・5歳児）〉 ・あらかじめ決めてあるチームに分かれる。 ・二人一組で向き合いボールをお腹に挟んで運び、次の組に渡す。	［図：△コーン、白線、道具、園舎、ドッジボールコート、グループごとの荷物］ ・大会の準備をする（ボール、コーン、前日までに製作した応援グッズ、救急箱）。 ・用意ができたら園庭で並ぶように伝える。 ・準備運動を誘導する。 ・ボール運びリレーでは、うまくできない子どもをサポートする。	・準備を手伝う。 ＊応援グッズはボール遊び大会のために製作したものだと知った。 ・子どもの様子を見守る。 ・準備体操の際は最後尾で一緒に体操をする。 ＊4・5歳児が大会をやりたいと言い、3歳児も楽しむ方法を考えたとのこと。応援グッズを作り、応援で3歳児も参加できるようにした。また、ボール運びリレーを種目に入れた。🔍4
10:45	●〈ドッジボール（4・5歳児）〉 ・3歳児は自分のチームを応援する。 ・ルールを確認し、挨拶をしてから試合を始める。	・トラブルは自分たちで解決できるよう見守る。 ・内野がいなくなったらゲーム終了を伝える。	＊3歳児が力いっぱい応援する姿から、みんなが一体になっていることを感じた。
11:20	●片付け・入室 ・3・4歳児は先に入室し、手洗いうがい、着替えをする。	・水分補給をするように伝える。	

🔍1 遊び方の違い

異年齢の子どもは、それぞれ遊び方が違う場合もあります。それぞれにあった関わりをしましょう。

🔍2 朝の会のポイント

朝の会は1日のスタートです。毎日のことですが、その日1日を気持ちよく過ごせるよう心がけます。一人ひとりの表情をしっかり見るとよいでしょう。

🔍3 行事の進め方

行事には時間をかけて準備をします。ねらいによって内容も変わります。保育者が「なにをさせる」より、子どもが「やってみたい」と思える環境をつくることが大切です。

🔍4 異年齢児クラスでの配慮

異年齢でひとつのことをするためには年齢ごとの配慮が必要です。同じことができなくても、一緒に参加している気持ちになれたり、年上の子どもを見て、憧れたりします。また、年上の子どもだからといって、みんなが同じようにできるわけではありません。年齢だけでなく個別的な配慮も必要です。

時刻	子どもの活動	保育者の動き	実習生の動き(●)／気づき(*)
11:30	• 5歳児は園庭の片付けをして入室し、手洗い、うがい、着替えをする。 • 排泄をする。 • 給食の準備をする。 ●昼食 • 3・4歳児は配膳を待ち、揃ったら挨拶をして食べる。 • 5歳児は給食当番と協力して配膳をし、食べ始める。	• 5歳児と片付けをする際、大会の感想を尋ねるなどして一緒に活動を振り返る。🔍5 • 給食の準備をする。 • 配膳を手伝う。 • 疲れて、箸が進まない子どもに声をかける。 • 量を減らしたり、食べやすいよう小さくしたりして、食べる意欲がもてるよう援助する。	*4歳児が、着替えが進まない3歳児に「おてつだいしてあげるからがんばろう!」と声をかけていて頼もしいと感じた。 *事前に食べられる量をよそうことで、子どもが達成感を得られるとわかった。 *食が進まなかった子どもの様子は、お迎えの際に保護者に伝える必要があると知った。🔍6
12:45	●午睡 •「ごちそうさま」をして食器を片付ける。 • 歯磨きをする。 〈3・4歳児〉 • ホールに移動し、絵本『こすずめのぼうけん』を見る。🔍7 〈5歳児〉 • 保育室に布団を敷く。 • ゴザに集まり絵本『いなかのネズミとまちのネズミ』を見る。 • 布団に入り、身体を休める。	• 食器を片付ける。 • 歯磨きの手本を人形を使って見せる。 • 3・4歳児をホールに連れていく。 • それぞれ担当の保育者が絵本を読む。 • 安心して入眠できるよう背中をさする。 • 3歳児で月齢が低い子どもには、膝に抱っこして入眠を促す。	• ホールに移動して、布団を敷く。 • 3・4歳児が来たらカーペットに集まるよう伝える。 • 絵本『こすずめのぼうけん』を読むが、読み終えなかったので続きはまた後でと伝える。 • 子どもの間に座り、気持ちよく入眠できるよう寄り添う。
14:30	●起床 〈5歳児〉 • 自分のシーツを外し布団を片付ける。 • 3歳未満児のクラスの保育室へ行き、シーツを外す。 〈3・4歳児〉 • なかなか起きられない子どももいる。 • 排泄後、部屋に戻る。	•「おはよう」と優しく声をかけ、心地よく目が覚めるようにする。 • シーツを外した布団を片付ける。	• 片付けを手伝う。 *金曜日は5歳児が3歳未満児の部屋に行き、シーツを外してそれぞれのバッグにしまうところまで手伝いをする。 • ホールを掃除する。
15:10	●おやつ		
15:45	●帰りの会🔍8 • 今日の振り返りを聞き、感想を話す。 •『おかえりの歌』を歌う。 • 帰りの挨拶をする。	• ドッジボールの話をし、みんなが努力する姿がとても嬉しかったという気持ちを伝える。 • 月曜日から運動遊びが始まることを伝える。	• 帰りの会に参加する。 *ドッジボールの話を聞く間、子どもは嬉しそうな表情だった。また、思い思いに感想を話し充実感を感じられた。
16:00	●順次降所		

振り返り・考察

　今日は年齢別の援助に着目した。年齢別というよりは個別にできることできないことがあり、年齢だけではないことがわかった。特に、着替えや排泄では年齢、月齢だけなく、そのときの状況や子どもの気持ちなどで対応が変わると感じた。年上の子どもが声をかけることでうまくいくこともあり、異年齢保育の特徴を見ることができた。お世話をしてもらった経験がお世話をしてあげたいという行動につながるのだと思う。

　ボール遊び大会は実施までの過程を知り、実習に入ってから積極的にボール遊びをしていたのも今日につながっているのだと思った。保育者が全てを用意するのではなく、子どもと一緒につくっていくことの素晴らしさを感じ、そのための準備や配慮などを考える機会となった。

🔍5 気持ちを共有する時間

このボール遊び大会は、5歳児が中心となって企画しました。無事に楽しめたことをほめ、一緒に喜びを共感する時間を意図的にもつことを学びましょう。

🔍6 保護者支援につなげる

基本的生活習慣を身につけることも保育所の重要な役割です。給食もただ食べるのではなく食育の観点から援助し、子どもの様子を伝えることで保護者支援にもつながります。

🔍7 落ち着いて午睡に入る

午睡前の時間は、気持ちを落ち着かせ、心地よく入眠できるようにするための時間です。午前中の活動により、給食後の様子が異なる場合もあります。その日の状況にあわせ、子どもが落ち着いた気持ちで午睡に向かえるようにします。

🔍8 帰りの会の姿

帰りの会は1日のまとめや振り返りをするとともに、翌日や来週も登所したいという気持ちになるようにする時間です。保育者がどのような言葉で振り返りを促しているか、楽しみをもたせるかを観察しましょう。

先輩からのメッセージ

保育者も実習生に対して「なにがわからないかわからない」というのが本音です。子どもとだけでなく、保育者とも積極的にコミュニケーションをとりましょう。

0歳児　1歳児　2歳児　3歳児　4歳児　5歳児

異年齢クラス（3・4・5歳児）

部分実習・指導案例（保育所）
季節の壁面作り（遊び方➡P.73）

| 期日 | 20○○年6月13日（木） | クラス | さくら組
（3歳児：8名　4歳児：8名　5歳児：8名） | 在籍 | 24名 |

前日までの子どもの姿
- 5歳児が3歳児の服を着る手伝いをする、手を引いて歩くなど、世話をすることを喜ぶ。
- 友だちと協力して砂場に大きな山を作るなど、力を合わせてひとつのものを作ることを楽しんでいる。

ねらい
- グループでの製作を通じて、5歳児は責任感やリーダーシップを発揮し、3・4歳児は協力してひとつのことに取り組む。

内容
- 力を合わせて、保育室の壁を季節のモチーフで楽しく飾る。🔍1

実習のポイント

🔍1 **季節を感じられる遊び**

生活のなかで季節や自然を感じられる遊びや体験を積むことで、感受性豊かな心が育まれます。

時刻	環境構成	予想される子どもの活動	援助のポイント
10:00	● B5サイズの色画用紙に鉛筆で花びらを下書きしたものを、人数分＋予備分用意し、各机に6枚ずつ置いておく。	● 実習生の話を聞く ● 道具箱からクレヨンを出し、椅子に座る。 ● 実習生の問いに「さくら」「チューリップ」など、花の名前を言う。 ● 実習生がもつ画用紙を見て、作品イメージをもつ。 ● 4・5歳児は自分で花びらの形に切ることや、3歳児の分も切ること、レイアウトすることがわかり、意欲をもつ。	● クレヨンを持ち、3・4・5歳が各2人ずつの6人グループで座るよう促す。 ● 「春の花はなにがあるかな」など、季節のモチーフを子どもへ問いかける。 ● 今日は花びらを作ることを知らせる。 ● 花びらの形に切った色画用紙を見せ、イメージがもてるようにする。 ● 花びらが6枚集まってひとつの花になることも伝える。 ● 作業の分担と作り方を説明する。
10:10		● 季節のモチーフを作る ● 5歳児が主となって、画用紙の数を確かめる。 ● 4・5歳児は線に沿って画用紙を切り、花びらの形を作る。 ● 5歳児は、3歳児の分を切り終えたら手渡す。 ● 3歳児は花びらを受け取り、丸シールやクレヨンで飾りつける。	＜作業の分担＞ 5歳…自分と3歳児の分のモチーフを切る。 4歳…ハサミを使って、自分のモチーフを切る。 3歳…やってみたい子は、モチーフを切ることに挑戦する。 全員…花びらに色を塗ったり丸シールを貼ったりする。 ● 3歳児に、どの色のクレヨンや丸シールを使うか考えるよう声をかける。🔍2
10:30	● 作品を貼ってよいスペースを保育者に確認し、各グループごとのスペース分けを考えておく。 掲示スペース A組 C組 B組 D組	● 作ったモチーフを飾る ● モチーフの裏に名前を書く。 ● 机の上で一度並べたり、友だちと相談しながらレイアウトを考える。 ● グループでひとつの作品を作り上げたことを喜び、達成感を得る。	● モチーフの裏に名前を書くよう伝える。 ● 文字が書けない子どもは、5歳児に書いてもらうか実習生のところで書くよう伝える。🔍3 ● グループごとに壁に貼った花びらレイアウトを見て、認める言葉をかける。
10:45		● 他のグループの作品を見る ● 色の塗り方やレイアウトの仕方がそれぞれ異なることに気づく。	● すべてのグループが貼り終えたら、他グループの作品を見て楽しむように促す。
11:00		● 片付ける ● 使った道具や素材を片付ける。	● 素材や道具をまとめて実習生の所へ持ってくるよう伝える。

🔍2 **一体感をもった取り組み**

3歳児がなにもしていない時間ができないように、必要に応じて、丸シールやクレヨンの色を決める言葉かけをするなど、全員が活動に参加している楽しさを味わえるようにします。

🔍3 **発達に合わせた援助**

なぞり書きができる子どもには、鉛筆で下書きします。その際、文字の大きさにも注意しましょう。

自己評価のポイント ✏
- 子どもが役割を理解して取り組めたか
- 年齢や発達段階に合った援助ができたか

部分実習・指導案例（保育所）
しっぽとり（遊び方➡P.73）

期日	20○○年7月26日（水）	クラス	ひばり組 （3歳児：7名　4歳児：7名　5歳児：6名）	在籍	20名

前日までの子どもの姿	ねらい
●3・4・5歳児が一緒に鬼ごっこで遊び、楽しんでいる。 ●遊びのなかで、年上の子どもは年下の子どもを気遣い、全力で追いかけられないでいる。	●制約があるなかで思いきり身体を動かし、充実感を得る。

	内容
	●年齢ごとにハンデを設けたしっぽとりを楽しむ。 ●しっぽをとる、とられるかけひきを楽しむ。

実習のポイント

時刻	環境構成	予想される子どもの活動	援助のポイント
10:00	●各年齢用のしっぽを人数分×2、すずらんテープで作っておく。 結び目を作っておく／すずらんテープ ●3歳児… 赤色、30cm 4歳児… 黄色、40cm 5歳児… 青色、50cm 年齢によって長さを変え、しっぽのとりやすさに差をつける。 休憩所／宝 おかわりのしっぽを用意しておく	●遊びの説明を聞く •帽子を被り、実習生の周りに集まる。 •実習生の問いかけに「やったことある」「しってる」など、言葉を返す。 •遊びの説明を聞き、年齢によってしっぽの長さが違うことや走り方が違うことを理解する。 （ルール） • 4歳児はケンケンで進み、5歳児はジャンプで進む。 • しっぽをとられたら、実習生がいる場所で、おかわりのしっぽをつける。 • 疲れた子は休憩所で休んでよいことを伝える。 • 5分間行い、とったしっぽの数を数える。 •ルールを聞き、早くやってみたいと意欲をもつ。	•帽子を被り、園庭に集まるよう伝える。 •「しっぽをとる鬼ごっこしたことあるかな」と問いかける。 •年齢別のしっぽを見せ、しっぽとりをすることを伝える。🔍1 •ルール説明をする。
10:05		●しっぽとりをする •実習生からしっぽを受け取り、結び目をズボンやスカートに挟む。🔍2 •自分のしっぽや友だちのしっぽを見て、しっぽとりへの期待感が高まる。 •それぞれの走り方で逃げ、追いかけっこを楽しむ。	•順番に各年齢の子どもへしっぽを渡し、結び目をズボンに挟むよう伝える。 •しっぽが足に絡んで転ばないよう、ズボンに挟まっているか、確認をする。 •「5歳さんはジャンプだよ」など、声をかけ、ルールを確かめるようにする。
10:10		•しっぽをとられて悔しさを感じるが、次はもっと速く逃げようと思う。 •「もういちどあそびたい」と言う子どももいる。 •走り方に不自由を感じるが、徐々に慣れケンケンやジャンプのスピードが速くなる。	•5分したら一度遊びを止め、いくつしっぽをとったか数える。 •何度か遊びを繰り返す。
10:40		●集まる •全身を動かして遊びを楽しみ、思いきり走ったことに充実感をもつ。 •5歳児がしっぽを色ごとに集める。 •保育室に戻り、手洗い、うがいをする。	•「次で最後にしようね」と声をかけ、時間が来たら遊びを終わる。🔍3 •しっぽを回収する。 •「だんだんケンケンが上手になったよ」など、遊びを振り返る言葉をかける。

🔍1 長さの違いを理解する

長い・短いの概念は3歳児でも理解できるでしょう。「短い赤色しっぽは3歳児さん」「中くらいの黄色しっぽは4歳児さん」「長い青色しっぽは5歳児さん」などと、説明を工夫しましょう。

🔍2 助け合う姿を見守る

必要であれば援助しますが、子ども同士で助け合って準備する姿を見守りましょう。思いやりの心が育まれます。

🔍3 活動の終わり方

活動を終える前に、全体に向かって言葉をかけます。「たくさん走ったね」「楽しかったね」と充実感を味わえるようにします。

自己評価のポイント
●年齢に合わせたハンデが適切であったか
●安全に十分配慮して活動できたか

異年齢クラス（3・4・5歳児）

責任実習・指導案例（保育所）
主活動：油粘土でパン作り

期日	20○○年10月21日（水）	クラス	きりん組 （3歳児：10名　4歳児：9名　5歳児：10名）	在籍	29名

前日までの子どもの姿
- 5歳児は一番年上という自覚があり、生活や遊びのさまざまな場面で率先して動き、3歳児を助けることも多い。
- 絵を描いたり、ブロックを組み合わせたりするなど、自分のイメージを表現することを楽しんでいる。

ねらい
- 絵本を見て、イメージしたものを形にする楽しさを味わう。
- 自分とは違う発想を知ったり認めたりする。🔍1

内容
- 絵本『からすのパンやさん』を見て、粘土でパンを作ったり、できた作品を見せ合ったりすることを楽しむ。

時刻	環境構成	予想される子どもの活動	援助のポイント
8:00	（環境図：洗面所・トイレ・構成遊びスペース・配膳台・遊具棚・ごっこ遊びスペース・ロッカー・机・出入り口・棚）	●順次登所・朝の支度 ・出席シールを貼り、荷物を片付ける。 ・室内で自由遊びをする。	・遊びを子ども自身で決められるよう、玩具や道具の準備をしておく。 ・健康観察をし、体調を確かめる。
9:30		●戸外遊び ・戸外遊びを楽しみにしながら片付けをする。 ・4・5歳児が3歳児の支度を手伝ったり、声をかけたりする。 ・鬼ごっこ、かくれんぼ、フラフープ、虫探しなどで遊ぶ。 ・年齢に関係なく、気の合う友だちと一緒に遊ぶ。	・戸外遊びに行くために片付け、準備をするよう伝える。 ・「手伝ってくれてありがとう」と、手伝う子どもを認める言葉をかける。 ・大きなけがにつながるような遊びをしていないか遊びを見守る。🔍2
10:30	（座席配置図・当番）	●入室・朝の集まり ・使った遊具を片付け、保育室へ戻る。 ・手洗い、うがい、排泄後、水分補給して、自分の席に座る。 ・当番が挨拶し、今日の予定を伝える。 ・予定を知り、1日の見通しをもつ。	・保育室へ戻ることを伝える。 ・手洗いをしてから水分補給をしているか、注意して見守る。 ・当番に前へ出るよう声をかける。 ・今日は実習生が「きりん組の先生」になることを伝える。
11:00	●絵本『からすのパンやさん』 【用意するもの】 ●油粘土 ●粘土台 ●紙皿 ●ふせん （座席配置図・当番・ロッカー）	●主活動「油粘土でパンづくり」 ・実習生が読む絵本『からすのパンやさん』を見る。 ・自由な発想で、さまざまなパンを作りたいと発言をする。 ・イメージが固まらない子どももいる。 ・作品を見せ合うことを楽しみにする。 ・班ごとに油粘土と粘土板を自分のロッカーから出す。🔍3 ・なにをイメージしてパンを作っているか、友だちや実習生や保育者に伝える。 ・できあがったパンを紙皿におく。	・『からすのパンやさん』の絵本を子どもの反応を受けとめながら読む。 ・子どもにどんなパンを作りたいか問いかける。 ・イメージが固まらない子どもには、いろいろなパンのあるページをもう一度見せる。 ・パンを作り終えたら班ごとに前に出て作品を見せ合うことを伝える。 ・班ごとに粘土と粘土板を出すよう声をかけ、動線が重ならないようにする。 ・できあがったパンの名前を聞き、ふせんに書いて紙皿に貼る。

実習のポイント

🔍1 **異年齢クラスの特徴を生かしたねらい**

年齢の違いにより生じる発達の差や個々の違いを認め合えるようなねらいがよいでしょう。違いを個性として発揮できるようなクラスの雰囲気をつくります。

🔍2 **安全面の配慮**

年上の子の動きに憧れて真似をしたいと思う年下の子どももいるでしょう。年齢差により体格や動きに違いがあるので、その点を配慮して遊びを見守るようにしましょう。

🔍3 **動線が重ならない配慮**

クラスの子どもが一斉に動くと動線が重なるため、トラブルが起きたり、活動がスムーズに進まない原因になったりします。生活のなかで動線が重ならないよう配慮しましょう。

時刻	環境構成	予想される子どもの活動	援助のポイント
11:30		●作ったパンを発表する ・班ごとに前に出て、作ったパンを紹介する。 ・言葉がなかなか出てこない子どももいる。	・それぞれの作品の素敵なところや工夫点に気づけるよう、発表を援助する。🔍4 ・言葉が出てこない子どもがいた場合は、班の友だちに「どこをがんばっていたか教えてくれるかな」と聞く。
12:00		●昼食準備・昼食 ・手洗い、うがい、排泄をする。 ・班ごとに挨拶をして昼食を食べる。 ・食べ終わったら、歯を磨く。	・机を消毒し、配膳をする。 ・一緒に食べながら、食材に興味がもてるよう話す。
12:45		●ホールで午睡（3・4歳児） ・排泄後、パジャマに着替え、コットで午睡をする。	・コットの上に布団を準備する。その際、埃が立たないよう注意する。🔍5 ・3・4歳児の午睡は担任の保育者が見守る。
	(環境構成の図)	●きりん組で自由遊び（5歳児） ・就学に向け午睡はとらず、きりん組で遊ぶ。 ・絵本コーナーで好きな絵本を読んだり、アイロンビーズを作ったり、編み物遊びをしたりして静かに過ごす。	・5歳児の自由遊びを見守る。3・4歳児が午睡中なので静かに過ごせる遊びをすすめる。🔍6 ・実習生と壁面製作を一緒にしたい子どもを指導する。
14:30		●起床 ・目が覚めたら排泄し、着替える。 ・5歳児が布団を片付ける姿を見て、3・4歳児も友だちを手伝う。	・カーテンや窓を開けて起床を促す。 ・5歳児にも起床の声かけや布団の片付けを一緒に手伝うよう声をかける。
15:00		●おやつ ・当番はおやつを取りに行く。 ・挨拶をしておやつを食べる。	・「おうちではどんなおやつを食べるの」など聞いて会話を楽しみながらおやつを食べる。
15:30		●当番活動 ・ごみ集め、洗濯物たたみ、ロッカーチェックを当番がする。 ・子ども同士で声をかけあって当番活動を進める。	・子ども同士で協力できるよう必要があれば仲介をする。 ・進んで当番活動をする子どもに「しっかりできているね」と認める言葉をかける。
16:00		●帰りの集まり ・今月の歌『もみじ』を歌う。 ・当番が帰りの挨拶をする。	・明日の予定を伝え、明日も保育所に来ることが楽しみになるようにする。
16:45	(環境構成の図) 鉄棒 砂場 遊具	●戸外遊び ・リレー遊び、遊具を使った遊びなど、身体を思いきり動かして遊ぶ。	・子ども同士のトラブルが起きた際はまずは見守り、必要に応じて間に入り、どうすれば解決できるか一緒に考える。🔍7
17:00		●入室 ・手洗い、うがい、排泄をすませ、帰りの準備をする。	・持ち物の片付け忘れがないか確かめ、子ども自身が気づけるよう声をかける。
		●順次降所・自由遊び（室内） ・挨拶をして降所する。 ・迎えを待つ子どもは室内で遊ぶ。	・「明日も一緒に遊ぼうね」など期待をもてる言葉をかけ、挨拶をする。

🔍4 自由に感想を
　　言い合える雰囲気

子どもが気づいたことを自由に発言できるような雰囲気が大切です。まずは実習生自身が率先して作品の個性が発揮されている箇所を肯定的に伝えるとよいでしょう。

🔍5 丁寧な動き

普段の何気ない動きでも、子どもは大人のことを見ています。物を投げたり物音が大きく鳴るような動きは、子どもにも真似をされたくありません。振る舞いには注意しましょう。

🔍6 静と動のバランス

1日を通して静かな活動ばかりだと、子どもは動きたくなるものです。静かな活動と身体を動かす活動のバランスを考えて計画しましょう。

🔍7 トラブルの対応

異年齢クラスでトラブルが起きた際、「5歳児だから譲ろうね」「3歳児だからしょうがないね」という年齢にとらわれた解決法にならないよう原因を把握し、それぞれの話をよく聞くことを大切にしましょう。

自己評価のポイント🖊
●主活動で、自由なイメージで表現する楽しさを感じていたか
●子どもの見本になるように、丁寧な動きができていたか

0歳児 1歳児 2歳児 3歳児 4歳児 5歳児

年齢別 おすすめ絵本

⓪歳児 擬音語など言葉の響きを楽しめる絵本！

● 『いないいないばあ』
作：松谷みよ子／絵：瀬川康雄／童心社
● 『もこ もこもこ』
作：谷川俊太郎／絵：元永定正／文研出版
● 『くだもの』 作：平山和子／福音館書店

①歳児 言葉の繰り返しが楽しい絵本！

● 『ぎったん ばっこん』
作：なかえ よしを／絵：上野紀子／文化出版局
● 『きんぎょが にげた』 作：五味太郎／福音館書店
● 『とっとこ とっとこ』 作：まつい のりこ／童心社

②歳児 身近なものが登場し、発見や気づきがある絵本！

● 『しろくまちゃんのホットケーキ』
作：わかやま けん／こぐま社
● 『ぞうくんのさんぽ』
作・絵：なかの ひろたか／福音館書店
● 『バスなのね』
作：中川ひろたか／絵：100％ORANGE／ブロンズ新社

③歳児 簡単なストーリーの展開を楽しむ絵本！

● 『わたしのワンピース』
絵・文：にしまき かやこ／こぐま社
● 『そらいろのたね』
文：なかがわりえこ／絵：おおむら ゆりこ／福音館書店
● 『おおきなかぶ』 再話：A・トルストイ／絵：佐藤忠良／
訳：内田莉莎子／福音館書店

④歳児 お話の世界にどっぷり浸れる絵本！

● 『めっきらもっきら どおんどおん』
作：長谷川摂子／絵：ふりや なな／福音館書店
● 『三びきのやぎのがらがらどん』
絵：マーシャ・ブラウン／訳：瀬田貞二／福音館書店
● 『キャベツくん』 文・絵：長 新太／文研出版

⑤歳児 魅力的なお話から想像力を広げられる絵本！

● 『おかえし』
作：村山桂子／絵：織茂恭子／福音館書店
● 『ちいさいおうち』 作・絵：バージニア・リー・バートン／
訳：石井桃子／岩波書店
● 『おもいついたら そのときに！』
作：西内ミナミ／絵：にしまき かやこ／こぐま社

先輩からのメッセージ

「絵本を読んでもらうから選んでおいてね」と保育者に言われ、自分が知っている絵本を1冊選んで読みましたが、クラスの子には簡単すぎたようで集中して見てもらうことができませんでした。選んだ絵本が適切かどうか、保育者に確かめる必要があると感じました。
　定番絵本以外にも、発売されたばかりの新作絵本や流行っている絵本を持って行っても！　新しい情報は保育者にも喜ばれます。

第4章

幼稚園実習

　幼稚園は、満3歳から小学校就学前の子どもに教育を行うための教育施設です。

　子どもを預かる時間は4時間を標準としますが、園によっては午後や土曜、夏休みなどの長期休業中の預かり保育などを実施している所もあります。保護者が就労をしていなくても利用することができます。以前、保育所に通っていた子どもが転園していることもあります。子ども一人ひとりをしっかり見て学びを深めましょう。

●教育…子どもが健やかに成長し、その活動が豊かなものになるための発達の援助

幼稚園実習

幼稚園教諭免許状を取得するために、修得しなければならない科目には教育実習（幼稚園実習）があります。教育実習の最低取得単位数は5単位（事前及び事後指導：1単位＋教育実習（幼稚園）：4単位）と定まっており、実施期間としては3〜4週程度です。

※（幼稚園実習）とかっこ（　）がつくのは、教育実習には小学校・中学校・高等学校・特別支援学校があるので、それらと区別するためです。以下「幼稚園実習」と表記します。

実習の方法や実習期間は養成校によりさまざま

（例①）一度に実施
- A幼稚園で実習を3〜4週間行う

（例②）分けて実施
- A幼稚園で実習を2週間
  ＋
- B幼稚園で実習を2週間

- **幼稚園教諭免許状の一種と二種の違い**

4年制大学卒業を基礎に取得できる教員免許状が一種、短期大学卒業を基礎に取得できるものが二種です。

幼稚園実習 の目的
- 幼稚園の基本的な役割や機能を理解する
- 幼稚園教諭の基本的な能力や振る舞いを学ぶ
- 子どもの発達や心の動きを、観察や実際の関わりを通して理解する
- 保育の計画、実践、観察、記録及び自己評価などについて実際に取り組む
- 幼稚園教諭の仕事内容と社会的な役割を学ぶ
- 幼稚園教諭としての自分の課題を明確にする

子どもと向き合う姿勢は、
保育所実習も幼稚園実習も同じです。
一人ひとりの子どもの姿や保育者援助の
意図や方法をよく観察して学びましょう。

幼稚園実習の流れ

実際にいつ、どんなことをするのか、流れをイメージしておきましょう。
※どこにどのくらい時間をかけるかは、実習先によって異なります。

実習前

- ●事前指導…………幼稚園実習を行う意味や目的を明確にする。記録や指導案の書き方、絵本の読み聞かせなど、保育実践について学ぶ。
- ●オリエンテーション…実習先の幼稚園に伺い、実習についての説明や指導を受ける。園の方針や保育内容、疑問点や確認しておきたいことを整理しておく（**P.11**参考）。

実習の前半

- ●観察実習…………子どもと保育者の様子を観察することで学ぶ。子どもとの関わりは最小限とし、1日の生活の流れや保育者の動きから子どもとの関わり方、保育者間の連携などを知る。
- ●参加実習…………実際に保育に入り、保育者の補助をし、子どもと関わりながら学ぶ。

実習の後半

- ●部分実習…………1日のなかの一部分の保育や活動を実習生が担当する。保育者の指導のもと、指導案を立ててから臨む。
- ●責任実習…………1日の保育活動のすべてを実習生が担当する。指導案を立ててから臨む。
- ●巡回訪問指導……養成校の担当教員が実習先を訪問し、園側から実習の様子を聞いたり、実習生と話したりする。相談したいこと、助言を受けたいことなどを整理しておく。
- ●反省会……………おおむね実習最終日に行われることが多い。初めに設定した実習の目標やその達成度、学んだことや反省点、今後の課題を整理して臨む（**P.15**参考）。また、感謝の気持ちを具体的に伝える。

実習後

- ●お礼状の送付……実習先へお礼の手紙を送る。実習後1週間以内に出す（**P.16**参考）。
- ●事後指導…………養成校に戻り記録や指導案を見返し、実習で学んだことを振り返ってまとめ、仲間と共有する。

幼稚園の1日

子 子どもを見る
ポイント
保 保育者を見る
ポイント
実 実習生の動き

登園前

見るポイント
保 保育者はどのように動いているか。
保 どんな環境を整えているか。

実 保育室の空気を入れ替える。
実 玩具など物的環境の準備をする。
実 庭の掃除をしながら、子どもが安全に遊べるよう大きな石や危険物がないかを確かめる。

登園

いいね！たくさん見つけよう

きょうダンゴムシさがしたい！

見るポイント
子 顔色、表情、声の出し方、機嫌など、変わったところはないか。
保 保護者とどのようなやり取りをしているか。
保 子どもへの挨拶や声のかけ方はどのようにしているか。

実 子ども、保護者、一人ひとりの顔を見て明るく挨拶をする。
実 機嫌がすぐれない子には、その理由を保護者に尋ね、気持ちを切り替えるきっかけをつくる。

好きな遊び

みっけた！

見るポイント
子 どんなことができ、どんなことができないか。
子 なにに興味をもっているか。
子 どのように他者（友だち、保護者など）と関わっているか。
保 子どもと遊びながら、どのような援助をしているか。

実 子どもを受けとめながら、積極的に関わって遊ぶ。

片付け

スコップはここ

見るポイント
子 自ら片付けに取り組んでいるか。
子 所定の場所に片付けているか。
保 子どもにどのような言葉をかけているか。

実 子どもに言葉をかけながら、一緒に片付ける。

排泄・手洗い・うがい

見るポイント
子 手洗い、うがいを丁寧にしているか。
子 服に水がかかって濡れた子どもや、排泄に失敗した子どもはいないか。
子 トイレの水は流したか。
保 どのような言葉をかけて援助しているか。

実 感染症予防と清潔について言葉をかける。
実 自ら排泄へ行けるよう促す。

主な活動

見るポイント
- 子 活動に楽しく取り組んでいるか。
- 子 遊びのどこに興味をもっているか。
- 保 活動の進め方や、子どもへの説明には、どのような工夫があるか。

実 困っている子どもには、必要に応じて声をかけ援助する。
実 ねらいに近づくよう配慮しながら子どもと一緒に遊びを楽しむ。

昼食

いただきます

見るポイント
- 保 配膳の方法、ルールはあるか。
- 保 準備、配膳時に、保育者がどのような流れで動いているか。
- 子 子どもが食事を楽しんでいるか。
- 子 食器やスプーン、フォークを正しく扱っているか。
- 子 食べ物をのどに詰まらせる、むせるなど、異常はないか。

実 席に座るよう促す。
実 配膳する。
実 どのくらいの量を食べられるか、子どもに尋ねる。
実 子どもとメニューや食材について会話をしながら、楽しく食べる。

好きな遊び

見るポイント
- 子 どんなことができ、どんなことができないか。
- 子 なにに興味をもっているか。
- 子 どのように他者（友だち、保育者など）と関わっているか。
- 保 子どもと遊びながら、どのような援助をしているか。

実 子どもを受けとめながら、積極的に関わって遊ぶ。

降園の準備

今日なにをした？

見るポイント
- 子 持ち帰りの製作物やプリントの忘れ物はないか。
- 保 子どもにどのような言葉をかけているか。
- 保 保護者とどのようなやり取りをしているか。
- 保 園での子どもの様子を、保護者へどのように伝えているか。

実 降園の準備をするよう促す。
実 今日1日を振り返りながら明るく、挨拶をする。

降園後

見るポイント
- 保 どのような箇所の安全を確認しているか。
- 保 どのような配慮や準備をしていたか。

実 安全の確認をしつつ掃除をする。
実 翌日の活動のための準備をする。

3歳児 _(幼稚園) 興味や関心の芽を伸ばす保育者の働きかけを学びましょう。

国が定める職員配置基準＝幼稚園/1学級：専任教諭1人（1学級の幼児数は35人以下が原則）

3歳児クラスで学びたいこと

- 知的好奇心の高まる時期で「あれなに?」「なんで?」「どうして?」など問いかけが増えます。これらの質問にどのように対応するか学びましょう。

  → さまざまなものに好奇心を抱き、質問を重ねる時期です。丁寧に答え、一緒に考えることで、子どもの想像力や思考力、探究心が育まれます。

- 子ども自身で見通しをもって生活をするために保育者としてどう関わり環境設定すべきか学びましょう。

  → 保育者が「次はお弁当だから手を洗おう」など、伝えることで見通しがもてるようになり、自立心や自己管理の意識が育ちます。

- 3歳児ならではの見立て遊び、ごっこ遊びの楽しみ方や、子どもの遊びを広げるための関わり方や言葉かけを知りましょう。

  → 豊かに膨らんだ発想や想像を表現できるようになるので、見立て遊びやごっこ遊びが盛り上がる時期です。友だち同士でイメージを共有する機会とし、共感性や協調性も育みます。

- 生活や遊びのなかで葛藤する子どもへの保育者としての関わり方を知りましょう。

  → 「片付けなければ……だけどまだ遊びたい」という葛藤は、自分の気持ちを整理し、調整しているプロセスです。葛藤を経験し、乗り越えることは、自主性や人の気持ちに寄り添うことのできる力につながります。

配慮のポイント

- 子どもの質問のなかには、答えられないものあるでしょう。わからないことに中途半端に答えると、子どもが混乱したり、「嘘をつかれた」と思ったりする場合もあります。わからない場合は「私もわからないな」「むずかしいね」「調べてみる?」など、正直な思いを伝えましょう。

- 「これがしたいよね。こうやったらどうかな」など、子どもの自尊心を尊重する言葉で援助しましょう。葛藤する子どもに「早く〜して」「〜でしょ」というような一方的な指示は避けましょう。指示ばかりでは子ども自身が考えられる力が育ちません。

先輩からのメッセージ

事前に実習先と話ができる場合は、子どもたちの好きなことや興味があることを尋ねてみてください。名札やエプロンにモチーフを入れたり、自己紹介を工夫したり、責任実習の計画が立てやすくなったりなど、実習の準備をスムーズに進めることができます。やる気も感じられて第一印象もよくなりますよ!

新聞紙わなげ

➡ **指導案はP.90**

用意するもの
- ●新聞紙 ●ガムテープ ●ペットボトル（500㎖） ●すずらんテープ ●スーパーボール ●水 ●カラービニールテープ

---

❶新聞紙を細長く巻き、端と端をガムテープでつなげて輪を作る。的は、ペットボトルにすずらんテープやスーパーボール、水を入れて作っておく。

❷投げる立ち位置にカラービニールテープを貼り、新聞紙の輪を投げて遊ぶ。

こんなこと、こんなこと、できますか？

➡ **指導案はP.91**

※遊び方の参考にしてください。

❶子どもたちと向かい合い、動作のお題を出す。

例：実習生「○○組さーん」（クラスの名前）
　　子ども「なんですかー？」
　　実習生「こんなこと、こんなこと、できますか？」（身体を動かす）
　　子ども「こんなこと、こんなこと、できますよー！」（実習生の動作を真似する）

❷お題に合わせてポーズをしたり、身体を動かしたりする。

呼びかけの例：○○組さん、白い靴のお友だち、
　　　　　　　○○ちゃん、○○くん…など
お題の例：肩、頭など身体のどこかを触る、手拍子、動物の
　　　　　真似、くるっと回る、ジャンプする…など

③歳児 記録例（幼稚園）

期日	20○○年5月10日（月）🔍1	クラス	3歳児　ひよこ組
天候	晴れ	在籍	18名（出席18名／欠席0名）

本日の目標
- ●子どもと笑顔で挨拶や会話を交わし、積極的に関わる。
- ●3歳児の1日の流れを知る。

実習のポイント

時刻	子どもの活動	保育者の動き	実習生の動き（●）／気づき（＊）
8:00	●登園・朝の準備 ・保育者や友だちに挨拶をする。 ・出席ブックにシールを貼る。 ・持ち物を片付ける。 ［図：机、遊具棚、ままごとスペース、出入り口、ロッカー、絵本、黒板、トイレ］ ●自由遊び（室内） ・大型積み木、ブロック、ままごとなどで遊ぶ。 ・（Bちゃん）Aちゃんに包丁を譲り、ブロック遊びに移る。 ・（Cちゃん、Dちゃん、Eちゃん）人形でままごと遊びをする。	・子どもが登園する前に、保育室の清掃や換気、遊具の消毒を行う。🔍1 ・挨拶をして一人ひとりの健康観察をする。 ・健康観察カードを確認し、押印してかばんに戻すよう促す。 ・子どもと話しながら保育室全体を見守る。 ・玩具の取り合いは基本的に見守る。必要があれば子どもの間に入り、仲立ちをする。🔍3	・保育者にならい、保育室の清掃や消毒を行う。 ・笑顔で挨拶をする。🔍2 ・健康観察カードを自分のかばんに戻し、ロッカーに片付けるよう声をかける。 ＊AちゃんとBちゃんの遊びが重なる場面があったが、Bちゃんが包丁を譲り、ブロック遊びへと気持ちを切り替えた。 ＊ままごと遊びではお母さん役が数人いる、平行遊びだった。
9:30	●片付け・戸外に行く準備 ・戸外遊びに行くことを楽しみにして片付ける。 ・手洗い、うがい、排泄後、水分補給をする。 ・帽子を被る。	・戸外遊びに行くことを伝え、保育室を片付けるよう促す。 ・全員が水分補給をしたかを確かめる。	・Kちゃんに玩具をしまう場所を尋ねながら一緒に片付けた。 ・Bちゃんに帽子を被るよう声をかけたが、耳に入らず、肩に触れて話すと気づいた。
9:40	●自由遊び（戸外） ・砂場、大型固定遊具、ダンゴムシ探しなど。 ・（Fちゃん）砂で山を作り保育者に作ったことを知らせる。	・履き違いがないように、外靴の左右を確かめる。 ・外で遊ぶ際に気を付けることを話す。🔍4	＊Cちゃんはダンゴムシを捕まえることに夢中で、植木の下、すべり台の下などを探していた。
10:20	●片付け・入室 ・手洗い、うがい、排泄、水分補給をする。 ・（Gちゃん）うがいがうまくできず、服に水がかかる。	・全員が入室を確認する。 ・「天井のお星さまが見えるまで、顔をあげてね」と言い、うがいが丁寧にできるよう促す。	＊天井に星のイラストを貼り、子どもが上を見てうがいがしやすいように工夫している。
10:40	●朝の集まり ・椅子に座り『おはようの歌』を歌う。 ・名前を呼ばれたら「はい」と返事をする。	・ピアノを弾きながら一緒に歌う。 ・一人ずつ名前を呼び、健康状態の把握をする。	＊朝の集まりでの子どもを見て、いつもと違う様子の子どもには個別に「ごはん食べてきた？」「昨日はなにをした？」など声をかけていた。🔍5

🔍1 **環境設定への配慮**

連休明けの月曜日なので、園生活のリズムを取り戻せるように、安全でゆったりと遊べる環境を設定しましょう。

🔍2 **笑顔で挨拶**

子どもから見れば実習生も「先生」です。視線を合わせて笑顔で挨拶すると、信頼が深まります。

🔍3 **援助のタイミング**

保育者がどのタイミングまで玩具の取り合いを見守り、どこから子どもの間に入るのか、そのタイミングを観察したり、理由を聞いたりして学びを深めるとよいでしょう。

🔍4 **安全への配慮**

外靴の履き違いは転倒につながるので、靴の左右を正しく履けるよう声をかけます。けがのないよう、大型固定遊具の裏側など危険な場所をチェックしながら遊びを見守りましょう。

🔍5 **健康状態の把握**

子どもの健康状態を把握することは保育者の基本です。どのような点に着目しているのかを具体的に学びましょう。

時刻	子どもの活動	保育者の動き	実習生の動き（●）／気づき（＊）
10:50	●ぬり絵遊び ・クレヨンで、ことりをぬる。 ・（Nちゃん）紙いっぱい大胆に色を塗る。 ・（Kちゃん）さまざまな色のクレヨンを使う。🔍6	・「どんな色のとりさんを見たことがあるかな」など、ぬり絵がしたくなるよう導入をする。 ・ロッカーからクレヨンを持ってくるように伝え、ぬり絵の紙を配る。	＊保育者が「こんな所に、ことりちゃんが遊びにきてくれましたよ」と言葉をかけることで、活動への期待感が高まったと感じた。
11:10	●園内探検 ・隣の子どもと手をつないで歩く。 ・保育者の質問に答えながら園内を歩く。	・園内の保育室や場所について子どもに尋ねたり、危険な場所を知らせたりしながら順に巡る。🔍7	＊保育者は「ここはなにかな」と子どもに尋ねてやりとりし、楽しい雰囲気をつくり出していた。
11:40	●入室 ・手洗い、うがい、排泄をする。 ・うがいを雑にする子どももいる（Nちゃん、Kちゃん）。	・「探検楽しかったね」と声をかけ、楽しい気持ちを共有する。 ・全員が戻っているか、人数を確かめる。	・手洗い、うがい、水分補給を見守り、必要があれば見本を見せ、丁寧にするよう伝える。
12:00	●昼食 ・各自お弁当を用意し、「いただきます」の挨拶をして食べ始める。 ・（Lちゃん）おかずをこぼさないよう、スプーンで慎重に食べる。	・机の消毒をする。 ・マスクを外し、食事中は話をしないように伝える。 ・苦手なものも一口食べてみるよう励ます。	＊Yくんは苦手なトマトを少し食べてみるよう励まされ、食べることができた。🔍8 ・食べ終わった子どもには、うがいをしてから着席し、絵を描くよう伝える。
12:40	・「ごちそうさま」の挨拶をする。	・全員が揃ってから挨拶をする。	・挨拶後に机と床の掃除をする。
12:50	●自由遊び（戸外） ・砂遊び、スケートボードなどで遊ぶ。 ・（Nちゃん）ブランコをMちゃんと交代することを嫌がる。	・子どもと一緒に砂遊びを楽しむ。 ・Nちゃんの気持ちを受けとめながら「いつなら代われるかな」と問いかける。	・ブランコで遊ぶ子どもを見守りながら、待っている子どもに順番や交代のタイミングを伝える。 ・『さんぽ』の1番を歌い終えたら、交代にすると、楽しい雰囲気になった。
13:20	●片付け・入室		
13:35	●水分補給・降園の準備		
13:45	●帰りの集まり ・絵本『くれよん ぐりぐり』を見る。 ・『おかえりの歌』を歌う。 ●順次降園 ・「さようなら」と挨拶をする。	・子どもの言葉を受けとめながら絵本を読む。 ・ピアノを弾き、一緒に歌う。 ・一人ひとりと目を合わせて挨拶し、見送る。	＊絵本を読む際も、ピアノを弾く際も、保育者は子ども全体に目を配るのだと知った。 ・忘れ物がないか確認をして、子どもを笑顔で見送る。

振り返り・考察

　今日は1日の生活の流れを把握することに努めた。そのなかで、先生方が常に細かく子どもの動きや表情を見ていることを知った。朝の集まりの際、声の調子や表情、動きがいつもと違う子どもに個別に声をかけ、体調に異常がないか確かめ、健康状態を把握していた。休み明けは疲れている子どもも多いため、必要があれば個別に対応し、室内でゆっくり過ごすこともあると教えていただいた。
　楽しく活動的なことを準備するだけでなく、その日の子どもの状態に合わせた過ごし方のバリエーションを知り、準備したい。

🔍6 子どもの個性の捉え方

同じ活動でも個性のある一人ひとりの子どもをどう捉えているのか、実習生の子どもの見方に保育者は注目します。子どもの長所にたくさん気づけるとよいですね。

🔍7 活動のねらいを考察

園内を探検する活動のねらいは、危険な場所を知らせるだけではなく友だちと手をつないで仲良く歩く体験をする、など複数あります。ねらいを考察し、質問すると学びが深まります。

🔍8 個人に合わせた援助

食べる量の違いや好き嫌いを把握することで、個に応じた援助ができます。さまざまな子どもの姿と保育者の援助を知り、実践につなげましょう。

先輩からのメッセージ

子どもが泣いている際、抱っこするのは悪いことではありませんがずっと抱っこしていると他の仕事ができなくなります。そんなとき、園や保育者によってどう援助するのか尋ねてみてくださいね。

3歳児 部分実習・指導案例（幼稚園）
新聞紙わなげ（遊び方➡P.87）

期日	20○○年10月6日（火）	クラス	3歳児 つき組	在籍	19名

前日までの子どもの姿	ねらい
●キャッチボールの相手に向かってボールを投げる。 ●コントロール力や手首を操作する力が身についている。 ●遊具の順番待ちで、待ちきれず横入りをする子どももいる。	●新聞紙を使い、巻く、つなぐ、投げるなどの動きを楽しむ。🔍1

	内容
	●新聞紙を巻いて作った自分だけの輪で遊ぶ。 ●的に入ったり外れたりするなかで、悔しい気持ちや達成感など、さまざまな気持ちを味わう。

時刻	環境構成	予想される子どもの活動	援助のポイント
10:00	●新聞紙を人数分×3枚、用意しておく。 ●空のペットボトル（500ml）を10個用意し、中にすずらんテープやスーパーボールを入れ、水を入れてふたをする。	●実習生の話を聞く ・実習生の実演を見て、面白そうだと思う。 ・「あれしんぶんしだよ」と知っていることを発言する。 ・実習生が新聞紙を丸める様子を見て、輪を作ることに意欲をもつ。 ・遊びの見通しをもち、製作を楽しみにする。	・あらかじめ作っておいた輪を見せ、実際に的に向けて投げてみせる。 ・輪を作ってわなげをすることを伝える。 ・新聞紙を半分に折ってから細長く丸め、端同士をテープで留めて輪にする様子を見せる。 ・輪を作った後、わなげで遊ぶことを知らせ、遊びの見通しをもてるようにする。
10:10	［ペットボトル／水／すずらんテープ／スーパーボール の図］ ●保育室の机や椅子を端に寄せ、子どもが床に座れるスペースを確保しておく。	●新聞紙を丸めて輪を作る ・新聞紙を受け取り、実習生の真似して、新聞紙を丸める。 ・長辺、短辺から丸め始める、しわがつかないように丁寧にするなど、丸め方に違いがある。 ・丸め終わった子どもは、実習生からガムテープを受け取り、貼って輪にする。	・輪は一人3つ作ることを伝える。 ・新聞紙を受け取った後、新聞紙を床に置いて、新聞紙を丸めるよう伝える。 ・うまく丸められない子どもには、「一緒に作ろうか」と声をかけ、援助をする。 ・子どもの様子を見て、タイミングよくガムテープを渡す。
10:30	●ペットボトルの的を並べて置き、1.2mほど離れた所にカラービニールテープで線を引いておく。 ［カラービニールテープ／机／的 の図］	●わなげをする ・一斉にわなげコーナーに移動する。 ・3つすべて自分が作った輪でやりたいと思う子どもは、予備のコーナーに移動する。🔍2 ・的を外して悔しい思いをしたり、うまく入り達成感を得たりする。 ・友だちを応援する。	・わなげゾーンに移動するよう伝える。 ・保育者が作っておいた輪も一緒に準備し、一人3回投げられるようにする。 ・3回投げたら、自分が作った輪を持って一番後ろに並ぶことを伝える。 ・子どもの成功や的を外れたことに共感し、「さっきよりもたくさん入ったね」「惜しかったね」と言葉をかける。
10:55	●家でもわなげで遊べるように、保護者向けの的の作り方や遊び方を書いた紙を用意し、掲示板に貼っておく。	●片付ける ・最後の1回を投げ、かばんにしまう。 ・家でわなげをすることを楽しみにする。	・最後に1回ずつ投げ、かばんに輪をしまうように伝える。🔍3 ・家で家族とわなげができることを伝え、降園後の楽しみをもたせる。

実習のポイント

🔍1 子どもの力が発揮できるねらい

今ある子どもの姿から、力がより発揮できるねらいが設定できるとよいでしょう。そのようなねらいが、子どもの発達を促すことになります。

🔍2 遊びの満足感につながる援助

子どもが十分に遊べる工夫をします。遊びの援助は直接的なものだけでなく、環境設定という間接的な援助もあることを認識しましょう。

🔍3 遊びの終わり方

遊びを気持ちよく切り上げられるよう働きかけます。終わりの見通しがもてるようにするとよいでしょう。

自己評価のポイント✏

●的をねらって楽しんで遊んでいたか
●試行錯誤する子どもに、適切な援助ができたか

部分実習・指導案例（幼稚園）
こんなこと、こんなこと、できますか？（遊び方➡P.87）

期日	20○○年2月10日（木）		クラス	3歳児　ひつじ組	在籍	17名

前日までの子どもの姿	ねらい
●園庭を元気いっぱい走り回り、身体を動かす楽しさを感じている。 ●友だちや保育者の動きを真似して喜んでいる。	●友だちと同じ動きをすることで、つながりを感じる。🔍1 ●身体を動かす楽しさを味わう。

内容
●実習生の呼びかけに応え、動きをまねすることを楽しむ。

実習のポイント

🔍1 共感性を育む

同じことを一緒に行い「楽しい」という気持ちやイメージを共有することで、共感性が育まれます。共感性が育まれると、人との関わりが増え、社交性が育ちます。人間関係を築く土台を、活動のなかで意識して取り入れましょう。

時刻	環境構成	予想される子どもの活動	援助のポイント
10:00	 <遊び方> 実：「○○ぐみさん」 子：「なんですか?」 実：「こんなこと、こんなこと、できますか?」 子：「こんなこと、こんなことできますよ!」 （実習生の動きをまねする）	●実習生の話を聞く ・実習生と保育者のやりとりを見て、遊びの流れを理解する。 ・自分が当てはまる呼びかけに対して「なんですか」と答え、やりとりをする。 ・実習生がどんな動きをするか楽しみにする。 ・友だちとぶつからないよう、手を伸ばして距離をとる。	・保育者と実習生が実際に遊びのやりとりをして、遊び方を示す。 ・「○○組さん」「白い靴のお友だち」など、呼びかけるグループ別に返事をするよう促す。 ・「いろいろな動きをするよ」と期待がもてる言葉をかける。 ・立ち上がり、友だちにぶつからないよう手を伸ばし、距離をとるよう伝える。🔍2
10:10		●実習生のまねをして身体を動かす ・実習生の呼びかけに「なんですか」と答え、実習生の動きをよく見て真似する。 ・実習生と同じ動きができたことに自信をもち、次の動きも真似したいと真剣に見る。 ・呼びかけのグループが分かれ始めると、返事や動きを間違える子どももいる。 ・友だちの動きを見て、「おもしろいね」と笑う子どももいる。 ・繰り返し遊んで楽しむ。	・子ども同士が十分に間隔をとったことを確かめてから、遊びを始める。 ・最初の数回はクラス全体へ呼びかけて身体を動かし、慣れてきたら呼びかけのグループを分ける。 ・動きはジャンプ、手拍子など簡単なものから、左右に動く、手と足を同時に使うなど、徐々に難易度を上げる。 ・「友だちはどんな動きをしているかな?」など、他の子どもの動きも意識できる言葉をかける。 ・動きはリズム感を意識し、テンポよくジャンプやタッチを取り入れる。
10:30		●遊びを終える ・実習生の問いかけに対して、「おさるさん、たのしかった」「まわるのがむずかしかった」など、それぞれ感想を言う。🔍3 ・「ゴリラのポーズであそんでみる」など、自分たちで遊ぶ期待を込めて話す。	・「どのまねっこが難しかった?」「誰のまねっこが上手だった?」など、子どもに問いかける。 ・「たくさんまねっこできたね」と遊びをまとめる。 ・「先生がいなくても遊べるから、友だちと好きなポーズで遊んでね」と普段の遊びのなかでも遊べることを伝える。

🔍2 具体的な方法を伝える

「ぶつからないように広がって」といったような抽象的な伝え方ではわかりません。このように「手を伸ばす」という具体的な方法で、友だちとの距離のとり方を伝えます。

🔍3 ねらいを意識した振り返り

自分の経験を言ったり、友だちの経験を聞いたりすることで「同じ活動を楽しんだ」という共感やつながりが生まれます。子ども自身が「一緒」を感じられるよう、働きかけましょう。

自己評価のポイント🖊
●さまざまな動きを真似する楽しさを味わっていたか
●友だちの姿を意識できる働きかけができたか

3歳児 責任実習・指導案例（幼稚園）
主活動：リズム遊び・とんぼ作り

実習のポイント

期日	20○○年9月15日（木）	クラス	3歳児　りんご組	在籍	18名

前日までの子どもの姿
- 自分の持ち物を決まった場所に片付けられる。
- 仲のよい友だちができ、一緒に遊ぶが、玩具や場所の取り合いでトラブルになることもある。
- 簡単なルールのある遊び（しっぽとりなど）を楽しむ。

ねらい
- 道具の使い方を知り、製作することを楽しむ。
- 歌や製作活動により、季節や生き物への興味をもつ。

内容
- うた『とんぼのめがね』をカスタネットで、楽しくリズムをとる。
- 「とんぼ作り」で、ハサミの1回切りや、クレヨン画材を使っての描画を楽しむ。

時刻	環境構成	予想される子どもの活動	援助のポイント
8:30	黒板 遊具棚 ブロックスペース トイレ ままごとスペース 絵本 工作スペース ロッカー	●順次登園・朝の支度 ・保育者や友だちに挨拶をする。 ・健康観察カードを保育者に見せて出席ブックにシールを貼る。 ・持ち物をロッカーへ片付ける。 ・スモックに着替える。 ●好きな遊び（室内） ・積み木やブロックなどの構成遊びを、2〜3人程度の友だちとする。 ・ままごとや買い物ごっこなどの見立てつもり遊びを楽しむ。 ●片付け・戸外へ行く準備	・1日が気持ちよく始められるよう、一人ひとりに挨拶をし、個々の状況を把握する。 ・自分の持ち物をロッカーへ片付けている様子を見て、困っている子どもには「手伝おうか」と言葉をかける。🔍1 ・遊びに十分満足ができるよう、遊具や道具は必要な数を揃え、遊びの状況に応じて積み木やブロックの数など調整を行う。
9:20	鬼ごっこスペース 遊具 砂場	・自分が使った遊具を片付け、友だちの片付けを手伝う子どももいる。 ・排泄後、水分補給をして、帽子を被る。 ●自由遊び（戸外）	・遊んだ物を一緒に片付け、言葉をかけながら、次の活動への促しを行う。 ・自らも帽子を被って、水分補給をする。🔍2
10:20		・砂遊びや大型固定遊具、虫とりなど、自分のやりたい遊びを楽しむ。 ・鬼ごっこなどのルールのある遊びを保育者と一緒に楽しむ。 ・喉が乾いたら随時水分補給をする。	・鬼ごっこなどのルールのある遊びには保育者も入り、集団遊びの楽しさを伝える。 ・他の職員とも連携をとり、園庭全体を見て、けがなどがないように配慮する。🔍3 ・子どもの様子を見て、個別に水分補給をするように声をかける。
10:30		●戸外の片付け・入室 ・チャイムを聞き、自分が使った遊具を片付ける。重たい遊具は友だちと一緒に片付けようとする。 ・手洗い、うがい、排泄、水分補給をする。	・チャイムに気づけるよう言葉をかけたり、保育室へ戻ったらどのような活動を行うかなどを伝えたりして、片付けを促す。 ・片付けを手伝い、全員が入室に向かっているか人数確認を行う。
10:40	黒板 ②	●朝の会 ・挨拶をする。 ・『おはようの歌』を歌う。 ・名前を呼ばれると「はい」と返事をする。	・集まりに入れない子は、個別に声をかける。 ・一人ずつ名前を呼んで出欠確認をする。

🔍1 **援助を行う際の手立て**

園生活に慣れて見通しをもち生活できる子どもと、援助が必要な子どもがいます。子ども一人ひとりを理解して、個々の状況に応じた必要な援助を行い、自立を助けることが大切です。同じことに対する援助でも、保育者が子どもごとにどのように違った援助をしているのか、意識して観察をしてみましょう。

🔍2 **実習生自身の身支度**

子どもは保育者の動きをしっかりと見ています。実習生自身も見本として、帽子を被り、水分補給も忘れずに行うようにしましょう。

🔍3 **戸外遊びの見守り**

3歳児には時には大人がリードをして遊びを楽しんでいきます。しかし、戸外ではけがをしやすいので、子どもを見守る際は、目の前の子どもだけでなく、全体の子どもを見るようにしましょう。大きなけがにつながるような行動をしている子どもはいないか、困っている子どもはいないかなど、常に意識するようにします。

時刻	環境構成	予想される子どもの活動	援助のポイント
10:50	●うた『とんぼのめがね』	●カスタネットでリズム遊び ・①②③の叩き方をする。 　①人差し指1本で叩く。 　②人差し指と中指2本で叩く。 　③人差し指、中指と薬指3本で叩く。 ・『とんぼのめがね』のうたやピアノに合わせてカスタネットを叩く。 ・叩く指の数で、音の高さや大きさが変わることに気づく。	・カスタネットを配る前に、保育者が話す際は叩かないよう約束を伝える。🔍4 ・カスタネットの使い方を丁寧に伝える。 ・カスタネットの叩き方の見本になるよう、わかりやすく動く。 ・個々の状況に合わせて、リズムをとることの楽しさを感じられるように「元気な音だね」「叩き方が優しいね」「楽しくなるリズムだね」などの言葉をかける。
11:05		●片付け ・カスタネットを片付け、席に座る。	・カスタネットを回収し、活動の終わりを示す。
11:10	<作り方> ●色画用紙でとんぼの目、体、羽のパーツを切って、パーツを人数分用意しておく。 画用紙でパーツを作る 目 体 羽 ↓ パーツを貼る	●製作遊び「とんぼ作り」 ・自分の席に座り、保育者の話を聞く。 ・道具箱からクレヨン・のりを準備する。 ・好きなパーツを選んで貼る。 ・わからないところは保育者や友だちと話しながら製作を楽しむ。 ・できあがった作品を見せ合ったり、とんぼの目をのぞいたりする。 ・作品を壁に飾ってもらい、道具を片付けて手洗いをする。	・「園庭で飛んでいる虫を作るよ」「今日歌った曲にも出てきたよ」など、「とんぼ」に興味がもてる導入をする。 ・作品の見本を見せる。 ・使う道具がなにかなど尋ねて、製作への意欲が高まるようにする。 ・「真っ直ぐな羽だね」「遠くまで見えそうな目だね」など、作品の素敵なところを見つけて伝える。🔍5 ・作品に名前を書き、片付けを促す。 ・片付け忘れがないように確かめる。
11:45		●昼食準備・昼食 ・手洗い、うがい、排泄、水分補給を行い、お弁当箱を出す。 ・お弁当のおかずや食材の話をして、楽しく食事をする。	・排泄や手洗いを促し、机を消毒する。 ・お弁当の準備をするように伝える。 ・子どもと一緒に食事をすることで、楽しい雰囲気をつくる。
12:50		●自由遊び（戸外） ・他の年齢のクラスの友だちと関わり、縄跳びの跳び方やボール遊びなどの道具を使った遊びを見たり、教えてもらったりする。 ・製作遊びで作った「とんぼ」に興味を持ち、虫探しを楽しむ。	・さまざまな年齢の友だちと関われるよう「縄跳びの跳び方教えてもらおうか」など言葉をかけ、仲立ちをして一緒に遊ぶ。🔍6 ・生き物への興味や関心を広げられるよう、虫の図鑑を用意して、一緒に調べられるようにする。🔍7
13:20		●降園準備・帰りの会 ・帰りの準備を行う。必要に応じて水分補給をする。 ・今日の活動の振り返りや、楽しかった遊びのことなどを話す。 ・『とんぼのめがね』『おかえりの歌』を歌い「さようなら」の挨拶をする。	・降園の準備をするように声をかけながら、水分補給ができているのかを確認する。 ・今日の活動の振り返りや、子どもたちにどんな遊びをしたかなどを尋ね、互いの言葉を聞き合えるようにする。 ・ピアノを弾いて子どもと一緒に歌う。
13:45		●順次降園 ・迎えがきた子どもは、挨拶をして順次降園をする。	・忘れ物がないか確認をして、一人ひとりと挨拶をする。

🔍4 約束伝える　タイミング

カスタネットを配ってからだと、意識がカスタネットの方に向かい、言葉が伝わりづらくなります。大切なことは初めに、丁寧に伝えるようにしましょう。

🔍5 「上手」「下手」以外の言葉かけ

製作活動だとつい「上手にできたね」など言ってしまいますが、作品のできあがりの良し悪しではなく、色や形、素材について子どもが考えられるような質問をしたり、使用する道具の名前や使い方を伝えるなどするとよいでしょう。

🔍6 子ども同士のつながりを深める

子ども同士の関係やつながりが深められるために、必要な援助をあらかじめ考えておくことは重要です。

🔍7 準備の意図を明確に

「生き物に興味をもつ」というねらいを意識して、図鑑を準備していることがわかります。援助や準備の意図を明確にすることで、保育者も助言をしやすくなります。

自己評価のポイント✏️
●道具を使って活動をする楽しさを感じていたか
●興味や関心を広げられる働きかけができたか

0歳児 1歳児 2歳児 **3歳児** 4歳児 5歳児

4歳児 (幼稚園)

友だちとの関わりのなかでさまざまな感情を経験しながら育まれる心の育ちを感じましょう。

国が定める職員配置基準＝幼稚園/1学級：専任教諭1人 (1学級の幼児数は35人以下が原則)

4歳児クラスで学びたいこと

● 集団で生活や遊びを楽しむための、働きかけや環境設定の仕方を知りましょう。

→ ● 気持ちよく集団で過ごすために、生活動線を整えたり、遊びの前に基本的なルールを確かめたりする保育者の働きかけを学びます。

● 友だちとの関わりが増えるとともに、増えるトラブルへの対応や見守り方を知りましょう。

→ ● トラブルは、主張したり、譲ったり、許したりする、人との関わり方を豊かにする過程です。保育者はどこまで見守り、どのタイミングで介入するか、その意図などを学びます。

● ハサミや箸など、道具の使い方の伝え方を学びましょう。

→ ● 手先の機能の発達で、ハサミや箸なども使えるようになります。さまざまな道具を使う場合はその役割や使い方、危険性も一緒に伝えます。この時期に正しい持ち方を丁寧に伝えることで間違った使い方や癖がつくことを防げます。

● 人の話を聞く力や、自分の気持ちや経験したことを話したりする力が高まる姿を学びましょう。

→ ● 周りの大人の話を聞く姿勢や、使う言葉を子どもは自然と学んでいます。子どもの気持ちや状況に寄り添った言葉を添えることを意識してください。

配慮のポイント

● 興味の幅が広がり、さまざまなことに挑戦したい時期です。必要以上に手を出さないようにしましょう。

● 子どもを褒める場合は「すごい！」だけでなく「ここは〜ですてきだね」など具体的な言葉をかけると、子ども自身の気づきも深まり、さらなる意欲へつながります。

先輩からのメッセージ

実習生は子どもにとっても、現場の先生たちにとってもまぶしい存在です。子どもたちは、若くてパワフルなお兄さんお姉さん先生のことが大好き！　子どもがすてきな存在だということを、実習中にたくさん感じてください。実習は大変なことも多いですが、この経験は保育者として働く際に必ず役に立ちます！

遊びのアイデア

声変わりマスク

⇨ 指導案はP.98

用意するもの
● 紙コップ　● アルミホイル　● セロハンテープ　● クレヨン　● 丸シール

❶底を丸く切り抜いた紙コップに、クレヨンや丸シールで模様をつける。

❷紙コップの飲み口部分をアルミホイルで覆い、セロハンテープを貼って固定する。

❸切り抜いた底に口を当てて話し、普段と違う声を楽しむ。

おじゃまむし

⇨ 指導案はP.99

❶広いスペースの真ん中に横線を引き、おじゃまむしになる人を決める。おじゃまむしは線の上のみ移動ができる。その他は線の手前に集まる。

❷おじゃまむしが「おじゃまんぼ!」と言ったら、手前にいる人たちはおじゃまむしに捕まらないように線の向こう側へ走り抜ける。おじゃまむしにタッチされた人は、おじゃまむしになる。

❸②を繰り返し、線を行ったり来たりする。だんだんおじゃまむしが増えていき、最後まで残った人を拍手する。

期日	20○○年6月4日（月）	クラス	4歳児　ゆり組
天候	雨	在籍	24名（出席24名／欠席0名）

本日の目標
- 雨天の保育の流れを知る。
- 友だちとどのような活動や遊びをしているのかを知る。🔍1

実習のポイント

時刻	子どもの活動	保育者の動き	実習生の動き（●）／気づき（*）
8:30	●登園・朝の準備 ・挨拶をして、健康観察カードを保育者に見せる。 ・持ち物をロッカーに片付ける。 ・（Aちゃん）Kちゃんに「てがみある？」など声をかける。 ・（Bちゃん）保育者に手紙を渡す。	・一人ずつに挨拶をしながら登園の様子を確認する。 ・健康観察カードの体温をチェックして押印する。 ・家庭からの手紙があれば提出するよう声をかける。 ・家庭からの手紙に目を通す。	＊初めて見る実習生に「誰だろう」と不思議そうな表情を浮かべる子どももいた。 ＊色紙を貼ったカラフルな段ボール箱を用意し、子どもが保護者からの手紙を自分で提出できるようにしていた。🔍2
9:00	●自由遊び（室内） ・ままごと、ブロック、オタマジャクシの観察、パズル、ぬり絵、紐通し、大型積み木、などで遊ぶ。	・保育室全体を見守る。 ・飼育物との触れ合いでは、命を守るため触りすぎないよう伝える。 ・子どもの興味に応じて遊びコーナーをつくる。	＊雨の日で室内で遊ぶ時間が長い日でも落ち着いて活動できるよう、紐通し、大型積み木と、前日より遊びコーナーを増やしたことに気づいた。 ＊人数が増えると、コーナースペースも広げるのだとわかった。
10:00	●片付け ・集会を楽しみにしながら、片付ける。 ・手洗い、うがい、排泄、水分補給をする。	・集会があることを伝えながら、片付けを促す。🔍3 ・最後の登園児が身支度を終えたことを確かめてから片付けの声をかける。	＊最後に登園して来た園児に挨拶をして、子どもが焦らずに身支度できる配慮をする。 ・排泄と水分補給をしたか一人ひとり確かめる。
10:10 10:30	●朝の集まり ●ホールへ移動 ・廊下に並ぶ。 ・（Cちゃん、Dちゃん）集会が楽しみでおしゃべりをする。 ・（Eちゃん）集会でなにをするのか保育者に尋ねる。	・ホールに移動する際は、隣の友だちと並んで歩くように伝える。 ・おしゃべりが止まらない子どもには、周りの子どもの様子に気づけるよう声をかける。🔍4	・子どもが廊下に並ぶ間に、保育室の机と椅子を集会後の活動に合わせて移動する。
10:40	●虫歯予防デーの集会 ・保育者たちの劇を見る。 ・『歯をみがきましょう』を歌う。	・劇に参加し、虫歯になる原因や症状を伝える。 ・子どもの反応を見ながら問いかけたり、その答えを受けとめたりして、やりとりをする。	＊歯磨きの仕方や、歯を磨かないと虫歯になることが理解できる劇の内容だった。 ＊面白い場面は、子ども同士で顔を見合わせて笑うなど、共感して楽しんでいた。

🔍1 子ども同士の関わりから発達を学ぶ

「友だち同士の関わり」とポイントを絞ることで、より深く考察することができますね。子ども同士のやりとりが増え、豊かになる時期です。どのような遊びのなかで友だちと関わりが増え、仲が深まるのかを考察しましょう。

🔍2 環境設定の意図

子どもの生活や活動がスムーズになるような環境設定の工夫を学びます。気づいたことは記録し、今後の保育に生かしましょう。

🔍3 意欲を引き出す姿

子ども自身が見通しや目的をもてると、意欲的に動けます。してほしい行動をただ伝えるのではなく、どのような言葉で子どもの心が動くのか考えましょう。

🔍4 働きかけの意図

今どうすることが大事なのか、子どもが気づく働きかけが必要です。育てたい姿を意図した保育者の働きかけを、読み取りましょう。

時刻	子どもの活動	保育者の動き	実習生の動き（●）／気づき（＊）
11:00	●保育室へ戻る		
11:05	●折り紙遊び	・飼育箱のオタマジャクシの様子を子どもに見せ、折り紙遊びの導入をする。	＊保育者が大きめの模造紙を使って全員に折り方を教えると、半数が一人で折ることができた。
	・保育者が飼育箱を見せると、数人の子どもがオタマジャクシをじっと見る。	・完成の見本を見せ、全体に折り方を伝える。	＊『カエルの歌』を口ずさむKちゃんにつられ、他児が一緒に歌いながら製作し、よい雰囲気が生まれた。
	・（Dちゃん）足が生えているオタマジャクシがいることに気づき、友だちに教える。	・難しい子どもには、個別に折り方を伝える。🔍5	＊Kちゃんについたが、角と角を合わせて折ることが難しいようだった。指アイロンを伝えると、きっちり折れる心地よさを味わえた。
	・折り紙でカエルとオタマジャクシを折る。	・できあがったカエルをジャンプさせている子どもに「元気いっぱいのカエルだね」と声をかけていた。	
	・クレヨンで目、口を描き画用紙に貼る。	・仕上がった作品に記名をし、壁面へ吊るす。	
	・画用紙の余白へ自由に絵を描く。		
	・（Fちゃん）できあがった作品を見て、友だちの名前を読み上げる。		
11:45	●昼食の準備		
12:00	●昼食	・食事の様子を見守りながら一緒に食べる。	●野菜いためが進まないBちゃんに「お母さんが早起きして作ってくれたお弁当ね。もう少し食べてみようか」などと励ます。🔍6
	・『お弁当の歌』を歌い「いただきます」の挨拶をする。	・苦手な物も少し食べるよう励ます。	
	・偏食の子どももいる。		＊製作の影響からか、朝より多くの子どもがオタマジャクシを興味深く観察していた。
12:30	・みんなで「ごちそうさま」の挨拶をする。	・子どもの様子を見て、おうちごっこのコーナーを広げる。	
	・室内で自由に遊ぶ。		
13:10	●フルーツバスケット	・ルールを守ると楽しいゲームであることを伝えて、一緒に楽しむ。	＊ルールの理解に個人差があるので、全員が分かるように丁寧に伝え、最初に動きの見本を見せる必要を感じた。
	・ルールを理解してフルーツバスケットをする。	・初めは椅子を減らさずに、移動を楽しめるようにしていた。	
	・「メロン」「ぶどう」「パイナップル」で行う。		
13:20	●降園の準備・帰りの集まり	・オノマトペを工夫して絵本を読む	●忘れ物がないよう降園準備を見守る。
	・絵本『かえるじゃん』を見る。	・ピアノを弾く。	＊今日の活動に関連した絵本を読むことで、自然と1日を振り返られるのだと感じた。🔍7
	・『おかえりの歌』を歌う。	・絵本の導入で、今日作ったカエルが登場することを伝える。	
	・挨拶をする。		
13:45	●降園	・一人ひとりに挨拶をしながら笑顔で見送る。	・「明日も遊ぼうね」と伝え、挨拶をして見送る。
	・（Gちゃん）「またあした」と実習生に声をかけ降園する。		

<u>振り返り・考察</u>

　この時期は言葉も豊富になり、自分のやりたいことを伝え、相手の気持ちに共感する力も育っていることがわかった。

　また、劇や絵本、製作など、さまざまな活動を通して想像力の広がりを感じた。折り紙で作ったカエルやオタマジャクシの表情が豊かで、そこから「いっしょにあそぼう」「ジャンプでピョーン」など、楽しい会話が生まれた。このような経験が、子どもにとって言葉を知るきっかけや、いろいろな人の気持ちを知る機会になることを学んだ。

　降園の際、Gちゃんに声をかけられとても嬉しかった。少しずつ親しみがもてる関係をつくるよう、努力を続けたい。

0歳児 1歳児 2歳児 3歳児 4歳児 5歳児

🔍5 場面に合わせた話し方

どの子どもにも同じ声の大きさやトーンで話しかけるのではなく、場面によって、そっと言葉をかけるなど配慮します。保育者がどのような配慮をしているか観察しましょう。

🔍6 意図をもった言葉かけ

なにをねらって子どもへどのような言葉をかけたかを記録すると、保育者もアドバイスができます。

🔍7 選書のねらい

絵本や物語を自分の体験と結び付け想像を巡らせて楽しみを味わうと、豊かなイメージがもてるでしょう。降園時に1日を振り返れる絵本選びについて考察します。

先輩からのメッセージ

担任の保育者にお願いして毎日絵本を1冊読ませてもらいました。「先生が頑張って読んでいるから子どもたちも一生懸命見ていてよかった」と言っていただけました。

部分実習・指導案例（幼稚園）
声変わりマスク（遊び方➡P.95）

4歳児

期日	20○○年10月5日（火）	クラス	4歳児　ひかり組	在籍	24名

前日までの子どもの姿	ねらい
●簡単なクイズやなぞなぞに興味をもち、出題したり考えたりして楽しんでいる。 ●いろいろな素材を使って製作することを楽しみ、その性質や仕組みに関心をもっている。	●身近な素材で変声機を作り、普段と違う声を楽しむ。
	内容
	●紙コップを飾りつけ、変声機を作ることを楽しむ。 ●声あてゲームで友だちとの関わりを楽しむ。

実習のポイント

時刻	環境構成	予想される子どもの活動	援助のポイント
10:00	●紙コップの底に直径3cmの穴を開けたものと、10cm×10cmに切ったアルミホイルを人数分＋予備の用意をする。	●実習生の話を聞く ・クレヨンを持って椅子に座る。 ・「しってるよー」「かみコップでしょ」と、発言する。 ・実習生の声が変わったことに驚き興味をもつ。	・クレヨンを出し、集まるよう伝える。 ・作っておいた見本を出し「これなんだ?」と問いかける。 ・「これは不思議なマスクだよ」と伝え、声が変わる様子を見せる。 ・紙コップマスクを作ることを伝える。
10:10	（図） ●丸シールを色ごとにまとめ、カゴに入れておく。	●紙コップでマスクを作る ・材料を確かめ、製作へ意欲をもつ。 ・丸シールやクレヨンを使って、紙コップを自由に飾りつける。 ・アルミホイルをコップの口に被せ、セロハンテープを貼る。必要があれば友だちに手助けをしてもらう。🔍1	・材料の名前を伝えながら配る。 ・丸シールは大きさ、色をさまざま用意し、自由に選んで製作できるようにする。 ・模様をつけ終わったら、アルミホイルで紙コップの口をおおい、セロハンテープを貼るよう伝える。
10:25	●セロハンテープ台を各机にひとつずつ置く。 （図）出題者	●作ったマスクで遊ぶ ・紙コップの底に口を当て、声を出して変化を楽しむ。 ・自分や友だちが普段と違う声になっていることに気づき、おもしろく思う。	・作り終えたら紙コップの穴に口を当てて声を出し、遊ぶよう促す。 ・「いつもより大人っぽい声になったね」など、声の変化を言葉にして伝える。🔍2
10:30		●声あてゲームをする ・ゲームの説明を聞き、声を出すことや当てることを楽しみにする。 ・誰の声かそれぞれ予想を言う。 ・出題する子どもはみんながどのような反応をするか、楽しみにする。 ・答え合わせで誰の声かわかり、自分の予想が当たったことに喜んだりはずれて残念な思いをしたりする。 ・問題を出す側と答える側を経験する。🔍3	・全員が作り終わったら集まって座るよう声をかけ、ゲームについて話す。 （ルール） ・4人前に出て、声を出す子どもを一人決める。 ・紙コップを全員口に当て、「この声だーれだ」の合図で声を出し、座っている子どもが誰の声かを当てる。 ・ある程度予想が出たら「せーの」の合図で声を出した子どもが手をあげる。
10:50		●片付ける ・家に帰った後、家族にこのマスクで話しかけようと楽しみにする。 ・マスクを自分のかばんにしまう。	・「不思議な声、おもしろかったね」「お家でも遊んでね」とまとめる。 ・かばんにマスクをしまうよう伝える。

🔍1 友だちに協力を求める

誰かの手助けがあると、うまくできるかもしれません。手伝うことを通して子どもは、「助けてもらった嬉しさ」や「力になれた喜び」を感じることができます。

🔍2 気づきにつながる言葉かけ

「いつもより」と伝えることで、子どもは「いつもの自分の声」という比較対象をもって変化を考えることができます。その先に、自分の声についての発見や、声色の印象など、何か気づきがあるかもしれません。子ども自身が気づきをもてる余白を残します。

🔍3 考えることを楽しむ

思考力や想像力が育まれます。また、どちらの立場も経験することで、さまざまな角度から物事を考える力がつくでしょう。

自己評価のポイント
●ゲームのルール説明はわかりやすく適切だったか
●子ども同士が協力して活動する姿が見られたか

4歳児 部分実習・指導案例（幼稚園）
おじゃまむし（遊び方➡P.95）

実習のポイント

期日	20○○年9月30日（金）	クラス	4歳児　れんげ組	在籍	23名

前日までの子どもの姿	ねらい
● 鬼ごっこやかくれんぼなど、簡単なルールの遊びを友だちと楽しんでいる。 ● 全力で走る喜びを感じている。 ● 平均台で身体のバランスをとりながら渡ることを楽しむ。	● 遊びのルールを理解し、逃げたり捕まえたりするなかで達成感や満足感を得る。 **内容** ●「おじゃまむし」をして、友だちとの関わりを楽しむ。 ● 捕まらない動きを工夫する。

時刻	環境構成	予想される子どもの活動	援助のポイント
10:00	 ● 棒で園庭の中心に7mほどの線を引く（人数に合わせて調整）。 ● 石灰がある場合は使用してよいか保育者に確認をする。 ● 屋内で行う場合は、カラービニールテープを使用する。	● 遊びの説明を聞く ・ 帽子を被り、園庭で「おじゃまむし」の説明を聞く。 ・ おじゃまむしに捕まらないように走り抜けたいという気持ちをもつ。 ・ 最後まで残りたいと思う。 ・ 走りに自信がない子どもは、うまく走り抜けられるか緊張する。🔍1 ・「おじゃまんぼ」の言葉の響きに、わくわくを感じる。 ・ ルールをすべては理解できない子どももいる。	・ 子どもたちに集まるよう声をかけ、おじゃまむしの説明をする。 （ルール） ・ おじゃまむしは線の上だけ動くことができ、線の外には出られない。 ・ おじゃまむしの「おじゃまんぼ」の声で、一斉に線の向こう側へ走り抜ける。 ・ 必ず線の上を通る。 ・ おじゃまむしにタッチされたら、おじゃまむしとして他の友だちを一緒に捕まえる。 ・ 線の行き来を繰り返し、おじゃまむしが増えていき、最後に残った人を拍手する。
10:10		●「おじゃまむし」をする ・「おじゃまんぼ」のかけ声で線を走り抜け、捕まらなかったことを喜ぶ。 ・「おじゃまむし」になった子どもは、残念に思いつつもみんなを捕まえようと気持ちを切り替える。 ・ 遊びの流れを理解し、もっと速く走ろう、友だちを捕まえようとやる気を感じる。 ・ おじゃまむしになった子どもは、他のおじゃまむしとはさみ込んで捕まえるなど、協力する。	・ 最初は実習生がおじゃまむしとなり、子どもを捕まえる。🔍2 ・ 捕まえる際は「タッチ」と言い、「一緒にみんなを捕まえようね」と声をかけ、走り抜けた子どもには「○○ちゃんもおじゃまむしになったよ」「次は逃げられるかな」と声をかける。 ・ 休憩を入れながら、「おじゃまんぼ」と言う役を変えたり、線の長さを短くしたりして繰り返し遊べるようにする。 ・ 2回目は、おじゃまむしに最初になりたい子がいないかを聞いて始める。
10:45		● 保育室へ戻る ・ 全力で走り、充実感を得る。 ・ たくさん走って息が切れた子どももいる。 ・ 保育室に戻り、水分補給をする。🔍3	・「たくさん走ったね」「逃げるのも捕まえるのも楽しかったね」と声をかける。 ・ 保育室で水分補給をするよう伝える。

🔍1 遊びの楽しさを伝える

ルールがある遊びは、難しいと感じたり、うまくできるか不安になったりする子どももいます。その気持ちに寄り添い、まずは楽しめるようにしましょう。

🔍2 体感的に理解する

身体を動かしながら遊びを楽しみ、ルールを体感的に理解できるようにします。はじめに実習生対子どもになるよう環境設定することで、仲間意識が生まれます。友だちと動きを工夫するなど、動きがスムーズになります。

🔍3 運動後の見守り

運動後は、水分補給や着替えなどをして体温調節に配慮します。「今日はたくさん運動したね」など満足感を膨らませ、午後は落ち着いて過ごせるようにします。

自己評価のポイント ✏
● 安全に十分配慮して活動できたか
● 子どもが工夫して遊び、充実感を味わう姿が見られたか

責任実習・指導案例（幼稚園）
主活動：カブトムシ・クワガタ作り

4歳児

実習のポイント

期日	20○○年9月17日（木）	クラス	4歳児　うめ組	在籍	24名

前日までの子どもの姿	ねらい
●園生活のリズムを取り戻し、友だちとの遊びを通してルールを知り守ろうとする。 ●自然との関わりに興味を示し、身近な虫などに触れようとする。	●進んで挨拶をする気持ちよさを経験する。 ●身近な昆虫に興味をもつ。

内容
●目線を合わせて挨拶をする。
●製作「カブトムシ・クワガタ作り」楽しむ。

時刻	環境構成	予想される子どもの活動	援助のポイント
8:30		●登園・朝の準備 •「おはようございます」と挨拶をする。🔍1 •健康観察カードを保育者に見せ出席ブックにシールを貼る。 •スモックに着替え、室内で自由に遊ぶ。	•一人ひとりに目線を合わせて明るく笑顔で挨拶をする。 •健康観察カードを確認し押印してかばんに入れるように伝える。 •必要に応じて援助をしたり言葉をかけたりする。 •個別に臨機応変に対応する。
	黒板 ままごとスペース ブロックスペース 遊具棚 大型積み木スペース ロッカー	●自由遊び（室内） •ままごと、ブロック、大型積み木、などで遊ぶ。 •他のクラスで遊ぶ子どももいる。	•自分のクラス以外で遊ぶ場合は、保育者に声をかけ、廊下や階段では走ったり、遊んだりしてはならないことを伝える。
9:20		●片付ける •手洗い、うがい、水分補給、排泄をする。 •帽子を被り、靴を履く。	•「外に行ったらなにをして遊ぼうか」と、次の活動に期待がもてるよう言葉をかけ、片付けを促す。
9:30	（木） 虫とり 鉄棒 アスレチック 砂場	●自由遊び（戸外） •砂場、アスレチック、虫とり、鉄棒、などで遊ぶ。 •ダンゴムシ、バッタ、コオロギ、などの虫を探す。🔍2	•アスレチックや大型固定遊具で、けがにつながる動きがないか気をつけて見守る。 •どのような遊びが盛り上がっているのか観察する。
10:20		●片付け •チャイムの合図で片付け、保育室へ戻る。 •手洗い、うがい、排泄、水分補給をして席に座る。 •『おはようの歌』を歌い「おはようございます」の挨拶をする。 •名前を呼ばれたら「はい、げんきです」と返事をする。	•使った物を決められた場所に自分で戻すよう声をかける。 •全員が水分補給をしているかを確かめ、水筒をロッカーに片付けるよう伝える。

🔍1 **自ら進んで挨拶をする**

生活に必要な習慣は身についているので、自分でできることは進んでするよう援助します。まずは、1日の始まりに気持ちのよい挨拶を進んですると挨拶をされた人も心地よくなることを言葉で伝えましょう。

🔍2 **身近な生き物に触れる機会**

幼児期において自然のもつ意味は大きいものです。身近な生き物に直接触れる体験を通して豊かな感情、好奇心、思考力の基礎が培われます。自然との関わりを深めることができるよう工夫しましょう。

時刻	環境構成	予想される子どもの活動	援助のポイント
10:30		●朝の会 ・『運動会の歌』『山の音楽家』を歌う。🔍3	・子どもたちの歌を引き出すよう、ピアノを弾く。
10:50	黒板 カブトムシ クワガタ 画用紙	●主活動「カブトムシ・クワガタ作り」 ・ロッカーの道具箱からのりとハサミ、クレヨンを持ってくる。🔍4 ・好きな土台とツノ・ハサミのパーツを選ぶ。 ・ツノ・ハサミのパーツを線に沿って切り取り、土台のパーツに貼る。 ・冠にクレヨンで目を描いたら被る。 ・カブトムシやクワガタになりきって動く子どももいる。	・園庭での虫とりや夏休みに家族でカブトムシやクワガタを捕まえた話を聞く。 ・ロッカーが混雑しないよう机ごとに3人ずつ歩いて取りに行くように伝える。 ・完成した作品を見せて、意欲を引き出す。 ・図鑑を使ってカブトムシやクワガタの特徴を、わかりやすく伝える。🔍5 ・子どもの能力に応じて個別に援助する。 ・作品に記名をし、輪ゴムとテープを使って画用紙をつなぎ、冠にする。
11:40	●画用紙を帯状に切って冠の土台とツノ・ハサミのパーツを人数分用意しておく。 ●ツノ・ハサミには、さまざまなかたちで切り取り線を描いておく。	●片付ける ・手洗い、うがい、排泄をする。 ・昼食の準備をする。 ●昼食 ・「いただきます」の挨拶をする。 ・食事がすんだら保育者に弁当箱を見せる。 ・手洗い、うがい、排泄、水分補給をしてかばんを片付ける。 ・「はやくそとであそびたい」と言う子どもがいる。	・机の消毒をして昼食の準備をする。 ・一緒に食事をしながら、一人ひとりの食事の量を確かめる。🔍6 ・箸の持ち方を確かめ、必要があれば正しい持ち方を伝える。 ・子どもが持ってきた弁当箱を見て「きれいに食べてくれて作ってくれたお母さんも喜ぶよ」など声をかける。
12:40	鉄棒 虫とり あぶくたった アスレチック 砂場	●自由遊び（戸外） ・砂場、虫とり、アスレチック、鉄棒、大縄跳び、あぶくたった、などで遊ぶ。	・アスレチックや鉄棒はけがのないように見守る。
13:20		●片付け ・使った物を決められた場所に戻す。 ・手洗い、うがい、水分補給、排泄をする。🔍7 ●降園準備・帰りの会 ・降園の準備をする。 ・紙芝居『おばけのおうさまゴホンゴホン』を見る。 ・『おかえりの歌』を歌う。 ・「さようなら」の挨拶をする。	・使った物を決められた場所に自分で戻す子どもを認める。 ・降園準備をするよう声をかける。 ・子どもの反応を確かめながら、紙芝居を読む。 ・1日を振り返りながら、明日やりたいことを思い描けるようにする。
13:45		●順次降園 ・明日も園に来ることを楽しみにして、降園する。	・「明日はダンゴムシを今日よりたくさんつかまえようね」「バッタも見つけようね」など、明日も園に来ることが楽しみになるよう声をかける。

🔍3 歌う楽しさを知る

友だちと声を合わせて歌う楽しさを知り、運動会を待つわくわくする気持ち、いろいろな楽器のまねをしなら歌ううきうきする気持ちを感じて音楽に親しみましょう。

🔍4 けがのないよう注意

ハサミは扱い方を間違えると大きなけがにつながるので、持ち歩く際は、ケースに入れたことを確かめるよう伝えるなど、注意が必要です。

🔍5 わかりやすい説明の方法

子どもが視覚で理解できるように事前に図鑑を見せるなど、工夫しましょう。

🔍6 「苦手」な物への励まし方

食事の量は、家庭環境で大きく差があり極端な場合は白米しか食べない子どももいます。家で食べたことがない物には特に抵抗があるようです。その際は一口だけ食べてみるよう声をかけましょう。

🔍7 水分補給を

子どもは、もちろん保育者も水分補給を忘れずにしましょう。

0歳児 1歳児 2歳児 3歳児 **4歳児** 5歳児

自己評価のポイント✏

●戸外遊びや製作を通して、身近な昆虫の生態に興味をもっていたか
●実習生自らが積極的に挨拶をして、挨拶をする気持ちよさを伝えられたか

5歳児（幼稚園）

生活の自立が進むなか、
保育者の見守り方や援助の方法を学びましょう。

国が定める職員配置基準＝幼稚園/1学級：専任教諭1人（1学級の幼児数は35人以下が原則）

5歳児クラスで学びたいこと

● 「自分たちでできた」「友だちと協力してできた」ということが実感できるような、保育者の関わり方を学びましょう。

➡ ● 「自分たちだけでできた！」という実感をもつことで、子ども同士の仲間意識を深めることができます。そのためには保育者は前に出ず、後ろでさりげなく援助をする方法を知る必要があります。

● 役割のある遊びや活動での子どもの姿を知りましょう。

➡ ● 自分の役割を果たすことに喜びを感じるようになる時期です。遊びや当番活動を通して、人の役に立てる喜びを感じる経験が、社会性へとつながります。

● 小学校生活を意識した活動や働きかけを学びましょう。

➡ ● 小学校生活にスムーズに移行できるような生活が、求められます。時間を意識した生活の流れや、持ち物の管理など、保育者の取り組みを観察しましょう。

● 園外活動（散歩・遠足）を通して、公共の場でのルールや振る舞いの伝え方を学びましょう。

➡ ● 行動範囲が広がる子どもに、社会のなかで生きていくために必要なルールやマナーを伝えることが求められます。

配慮のポイント

● 行動を促す場合、「○○ちゃん丁寧にやっているね」というような、してほしい姿に子どもが注目できるとよいでしょう。「誰が一番かな?」という言葉のかけ方は競争心がエスカレートすることもあるので控えましょう。

● 子どもに説明をする際は「どこまで理解しているか」ということを意識しましょう。わかりやすい見本を用意したり、説明の間に問いかけたりするなどして、確かめることも必要です。

先輩からのメッセージ

発表会や運動会などの練習期間に実習する際は、それまでの取り組みについても保育者に話を聞きましょう。子どもの姿は、普段の先生たちの保育の積み重ねであることが感じられるはずです。先生や園によって、さまざまな考え方やアプローチの仕方があるので、いいなと思うところを探して吸収してくださいね。

ぐるぐるデジタル腕時計

⟹ 指導案はP.106

用意するもの
- ●紙コップ ●画用紙 ●セロハンテープ ●水性ペン

❶紙コップは底から2cm分切っておき、カッターで画用紙を通す切り込みを入れておく。画用紙は幅3cm×長さ20cmに切り、紙コップの切り込みの幅に合わせて鉛筆で薄く線を引いておく。

❷水性ペンで紙コップと画用紙に絵を描く。

❸紙コップに画用紙を通し、画用紙を輪にしてセロハンテープで留め、腕に通して遊ぶ。

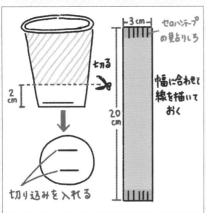

ねことねずみ

⟹ 指導案はP.107

❶ねことねずみの陣地となる線と、その間に境界線を引く。
ねこ、ねずみのチームに分かれ、陣地の線に立つ（帽子の色を変えるなど、チーム分けがわかるようにする）。

❷実習生は境界線に立ち、「ねーねーねーねー…」と言う。この声に合わせて、ねことねずみは少しずつ境界線まで近づく。

❸実習生が「ねずみ！」と言ったら、ねずみがねこを追いかけてタッチする。ねこは自分の陣地の線に向かって逃げ、陣地に着く前にタッチされたら保育者の横の列に座って応援する（逆の場合も同様）。この流れを繰り返し、残った人数が多いチームが勝ち。

5歳児 記録例（幼稚園）

期日	20○○年9月10日（月）	クラス	5歳児　そら組
天候	曇りのち晴れ	在籍	27名（出席26名／欠席1名）

本日の目標
- 子どもたちと積極的に関わりながら、名前を覚える。🔍1
- 朝の会で製作遊びの導入になる絵本を読み、活動への意欲につなげる。

時刻	子どもの活動	保育者の動き	実習生の動き（●）／気づき（＊）
8:00	●順次登園・朝の準備 ・健康観察カードを保育者に見せる。 ・出席ブックにシールを貼り、かばんに入れロッカーに片付ける。 ・（Aちゃん）登園前に保護者に叱られ機嫌が悪く、朝の準備に時間がかかっている。 ●自由遊び（室内） ・飼育箱の世話、ままごと、大型積み木、3歳児の世話などをする。	・保育室の換気と消毒、園庭の清掃と遊具の消毒、遊びのコーナーの環境を整える。 ・挨拶をして一人ひとりの健康観察をする。 ・黒板のカレンダーで日付を確認し、子どもがシールを貼るのを見届ける。🔍2 ・徐々に子どもが登園し、保育室内の人数が増えると遊びの内容が変わるので、子どもの要求に応じて、遊びコーナーを設定する。	・保育室と園庭の清掃や消毒をする。 ＊朝の準備では、子どもが自ら考えて行動したり、友だち同士で助け合えたりできるような働きかけが必要だと感じた。 ＊自発的に3歳児の世話に行く子どもが多く、世話をすることを楽しみにしているようだ。 ＊自分でやりたいかどうか3歳児の気持ちを考えながら世話をしていて驚いた。🔍3
8:45	●片付け ・「片付けた後に園庭で遊ぶ」と生活の見通しをもち、自ら片付けを始める子どもが多い。	・片付け後、手洗い、うがい、排泄、水分補給をするよう声をかける。	＊Bちゃん、Cちゃんに遊びに誘われたことから、活動の見通しをもっていることを感じた。3〜6人の集団で遊ぶ子どもが多い。
9:30	●自由遊び（園庭） ・虫探し、縄跳び、鬼ごっこ、リレーなどで遊ぶ。	・複数の遊びが同時に展開するので、保育者同士が連携し、危険がないよう見守る。🔍4	・「だるまさんが転んだ」に入り、ルールを子どもに教えてもらった。
10:20	●入室・朝の会 ・保育室へ戻り、手洗い、うがい、水分補給、排泄をする。 ・『ともだち賛歌』『運動会の歌』を歌う。 ・絵本『ことりのあかちゃん』を見る。	・全員が水分補給をしたか確かめる。 ・全員が着席したことを確かめて、ピアノを弾き始める。 ・出欠の確認をする。 ・実習生が絵本を読むことを子どもに伝える。	＊Hちゃんのかばんがないことに気づいたNちゃんに、保育者が「風邪でお休みだよ」と伝えると「はやくなおるといいな」とつぶやいた。🔍5 ・絵本を読む。途中、子どもからの問いかけが多くあるがうまく答えられない。

実習のポイント

🔍1 **子どもの名前の覚え方**

遊びのなかで子どもの名前を積極的に呼んだり、名前とエピソードをセットにしてメモをしておいたりすると、記憶に残りやすくなります。名前を使ったゲームや手遊びをすることもおすすめです。

🔍2 **子ども自身が判断する援助**

子どもが迷っている際、答えを与えるのではなく、子ども自身が気づいたり考えたりできる援助が大切です。そのような働きかけにより、子どもの思考力や主体性が育まれていきます。

🔍3 **5歳児ならではの活動**

年下の子どもの世話をすることで、基本的生活習慣の再確認をしたり、5歳児としての自覚をもったりします。ねらいについて考えましょう。

🔍4 **連携の必要性**

戸外では、行動範囲が広がり、担任の保育者だけで子どもの安全を守ることはできません。どのように連携しているか具体的に読み取りましょう。

🔍5 **子どもの気持ちを読み取る**

子どもの発言や表情から、さまざまな心の動きや気持ちを読み取ります。洞察力をつけ、信頼関係を築きましょう。

時刻	子どもの活動	保育者の動き	実習生の動き（●）／気づき（＊）
11:00	●カレンダー製作「インコ」 ・ロッカーからハサミとのりを持ってくる。 ・保育者の見本を見て、インコを2羽折る。 ・ロッカーから水性ペンを出し、数字と文字をなぞる。 ・（Dちゃん）「ここはあかだよ」と、Eちゃんに教える。🔍6 ・作品を乾燥棚に置く。	・見本を見せ、製作の流れを話す。 ・ロッカーが混雑しないよう、班ごとに声をかける。 ・大きな紙で折り方を子どもと確かめながら折る。 ・日曜日は赤、土曜日は青、平日は黒のペンを使って日付の数字をなぞるよう伝える。	＊「わからなくなったら手をあげる」など知らせ安心して製作ができる環境を整えていた。 ＊友だちと折り方やペンの色を確かめて取り組んでいた。 ＊Aちゃんは数字を見て「21、22、23」と声に出して読んでいた。数字に興味があるようだった。

えんぴつで数字と書いておく　見る　子どもがぺっとなぞる　折り紙でインコを作る

時刻	子どもの活動	保育者の動き	実習生の動き（●）／気づき（＊）
12:00 12:10	●片付け・昼食の準備 ●昼食 ・昼食を食べる。 ・「ごちそうさま」の挨拶をする。 ・名前を呼ばれたら自分のカレンダーを持って前に立ち、気に入っている箇所や工夫したことを話す。	・食べ物が口の中にある時は話さない、食事中は立ち歩かないなど、食事のマナーを伝える。 ・食後の挨拶が終わったら、製作したカレンダーを見せ合う場をもつ。🔍7	・食事が進まない子どもには、個別に声をかけて励ます。 ＊カレンダーを見せ合う際、友だちの作品を見て「おるのがじょうず」「いろがきれい」など、よい箇所に気づく子どもが多かった。
13:00	●降園の準備 ・片付け、手洗い、うがい、排泄、水分補給をする。	・全員が水分補給をしたか、一人ひとりの水筒を確かめる。	・子どもの片付けを見守りながら、水分補給をしているか確かめる。
13:20	●帰りの会 ・絵本『えんぴつとケシゴム』を見る。 ・（Sちゃん）「えんぴつでたくさんえをかきたい」と言う。	・絵本を全員に見えるように持ち、読み伝える。 ・「小学校で鉛筆とケシゴムをたくさん使うの楽しみだね」と言葉をかける。🔍8	＊絵本を読んだ後、余韻のなかで、子どもの表情や発言から小学校入学がさらに楽しみになったことを感じた。
13:45	●バス降園 ・バスのコースごとに分かれる。 ・バス乗り場に行き、挨拶をしてバスに乗る。	・バスコースのグループが間違っていないかを確認する。 ・一人ひとりの顔を見て、「明日も遊ぼうね。さようなら」と挨拶をする。	・各自忘れ物がないか確認をする。 ＊明日も幼稚園に来ることが楽しみになるよう、笑顔で声をかけることが大切だと感じた。 ＊バス酔いをする子どもは前の席に座る配慮をしていた。

🔍6 遊びを通して育みたい力

遊びや生活のなかで文字や数字に関心をもち、親しむことのできる活動を用意します。保育者の工夫やさまざまなアプローチの方法を学びましょう。

🔍7 活動の展開

できあがった作品を披露することで、達成感を味わい、喜びを共有します。活動中の会話にも注目しましょう。

🔍8 進学に向けた働きかけ

小学校入学に向け、保育者はさまざまな場面で期待がもてるよう働きかけます。

振り返り・考察

　そら組の子どもたちは、欠席の友だちを心配したり、カレンダーを披露する際は「きれいだね」「じょうずだね」と友だちのよいところを言葉にしたりしていた。そのような姿から、子ども同士のあたたかな関係ができているクラスだと感じた。それは保育者が普段、そのように子どもに接しているからだと感じた。

　反省は、朝の会で絵本を読んだ際、読むことに集中しすぎ子どもの反応を受けとめられなかったことだ。事前に絵本を読む練習をして臨んだが、今後は子どもの問いに答えるところまで想定し、準備をしたいと思う。

　帰りの会での先生の絵本の読み伝えは、大人の私でもわくわくした。間を取り子どもの顔を見ることで、絵本の世界に入れることを学んだ。

0歳児 1歳児 2歳児 3歳児 4歳児 5歳児

先輩からのメッセージ

内容を全く知らないでモンテッソーリ保育の幼稚園に実習に行きました。丁寧に教えていただきましたが、事前に勉強して予備知識があると学びがよりよいものになると感じました。

5歳児 部分実習・指導案例（幼稚園）

ぐるぐるデジタル腕時計 （遊び方➡P.103）

期日	20○○年6月18日（木）	クラス	5歳児　かもめ組	在籍	24名

前日までの子どもの姿	ねらい
●生活のなかで1から順に数を数えることを楽しんでいる。 ●クラスの数人は時計の時刻を読め、時間の考え方をある程度理解している。	●自分だけの時計を作ることで、時間への興味・関心を高める。

内容
●オリジナルの腕時計を作って楽しく遊ぶ。

💭 **実習のポイント**

時刻	環境構成	予想される子どもの活動	援助のポイント
10:00	（図：机の配置、紙コップ「切る」「切り込み」）	●実習生の話を聞く •実習生の問いかけに「とけい」「へやにもあるよ」など答える。 •実習生の腕時計を見て、興味をもつ。 •切り替わるベルトのイラストを見て、自分も欲しいと思う。 •自分だけの腕時計を作りたいという製作への意欲が高まる。	•「これはなにかわかるかな」と置き時計や腕時計など、いろいろな種類の時計を見せる。 •あらかじめ作って、つけていた腕時計を見せる。 •ベルトを回転させ、絵が変わる様子を見せて意欲を高める。🔍1
10:05	●幅3cm、長さ20cmの大きさに切った画用紙と、底から2cm高さを測って切り取った紙コップを、人数分＋予備を用意しておく。 ●紙コップの底には、画用紙を差し込むための切り込み（幅3.3㎝）を、2㎝間隔を空けて2か所に入れておく。 ●画用紙には、切り込みの幅に合わせて鉛筆で薄く線を引く。 ＊貼りしろとして、上下1㎝ずつ余裕を残す。 ●水性ペンを各色カゴに出し、各机にひとつずつ置く。	●腕時計を作る •水性ペンで、画用紙や紙コップに絵を描く。 •時計に数字を描いたり好きな動物の絵を描いたりする。 •大人がつける腕時計を思い出し、色やイメージを再現しようと取り組む。 •縁など、細かな箇所にも色を塗る子どももいる。 •紙コップや画用紙の表裏を逆にする子どももいる。 •実習生に手首へ巻いてもらう。 •腕時計を装着し、充実感や満足感を得る。🔍2	•紙コップの底と画用紙を机ごとに配る。 •画用紙は複数色を用意し、子どもがイメージに合わせて選べるようにしておく。 •紙コップの表裏を伝え、机の上の水性ペンで、紙コップと画用紙に絵を描くことを伝える。 •画用紙は、鉛筆で引いた線と線の間に絵を描くよう声をかける。 •紙コップの表裏を逆にするなど、一人ひとりの違いを尊重する。 •色付けが終わったら、実習生の所で画用紙を通すように声をかける。 •「食べ物がたくさんわかる腕時計だね」など、具体的な言葉をかけ作品を認める。
10:30		●片付ける •実習生の言葉を受け、家族や知り合いはどのような時計をつけているのか興味をもつ。	•「一人ひとり違う、すてきな腕時計が作れたね」「お家の人の時計と比べてみるとおもしろいね」とまとめる。 •腕時計をつけていたい子どもは、次の活動に支障がなければそのままでよいことを伝える。🔍3

🔍1 **意欲を高める働きかけ**

しかけのある作品製作は、子どもの発想力を刺激し、表現意欲、製作意欲を高めます。全員がしかけを近くで見られるように、担任の保育者にもつけておいてもらうなど、見せ方を工夫しましょう。

🔍2 **子どもの気持ちに共感した言葉かけ**

腕時計は子どもにとって憧れのアイテムです。「大人みたいでかっこいいね」「先生といっしょだね」などと言葉をかけ、子どもの憧れを形にできた喜びを一緒に味わいましょう。

🔍3 **遊びの満足感をつなげる**

腕時計をつけていたいという思いは満足感の表れです。時計を身につけて生活することで時間への興味・関心の高まりも期待できます。

✏️ **自己評価のポイント**
●活動時間の見通しをもって取り組めたか
●自分で作った時計に愛着を感じて大切に扱っていたか

 5歳児 部分実習・指導案例（幼稚園）
ねことねずみ（遊び方➡P.103）

期日	20○○年8月28日（木）	クラス	5歳児　ばら組	在籍	26名

前日までの子どもの姿	ねらい
●氷鬼や色鬼など、簡単なルールの追いかけっこを友だちと楽しんでいる。 ●ルールのある遊びでは、自分たちで新しいルールをつくって遊びを広げることもある。	●捕まえる、追いかけるやりとりのなかで充実感をもち、身体を動かすことを楽しむ。
	内容 ●ねことねずみのグループに分かれて、陣地へ逃げる追いかけっこを楽しむ。

実習のポイント

時刻	環境構成	予想される子どもの活動	援助のポイント
10:00	●園庭にねことねずみの陣地となる線、真ん中の境界線を引いておく。 ＊石灰を使う場合は、保育者に使用許可を得る。 ねこの陣地　ねずみの陣地	●遊びの説明を聞く ・帽子を被り、保育者の前に並ぶ。 ・順番に1.2と言い、自分のグループを知る。 ・新しいルールの追いかけっこに、新鮮さを感じる。 ・早く遊びたいと思う。 ・ルールを把握しきれない子どももいる。 ・「ぼくたちはねずみだよ」など、互いに自分のグループやルールを確かめる。🔍2	・帽子を被って園庭に集まり「私の前に一列に並んでね」と声をかける。 ・前から1.2.1.2と順番に点呼をとり、1のグループ（ねこ）と2のグループ（ねずみ）に分ける。 ・一方のグループには、帽子を裏返して色を変えて被るよう伝え、グループが違うことを視覚的にわかりやすくする。🔍1 ・ルールをわかりやすく説明する。

（ルール）

> ・それぞれの陣地からスタートし、中央の線に立った実習生の「ねーねーねー…」と言う声に合わせて、少しずつ中央の線に近づく。
> ・実習生が「ねずみ！」と言ったら、ねずみがねこをおいかけてタッチする。
> ・ねこは自分の陣地まで逃げ、陣地に着く前にタッチされたら端に座って応援をする。
> ・「ねこ！」と言ったら、立場を入れ替えて同じように追いかける。
> ・何回か繰り返し、陣地に残った人数が多いグループが勝ち。

時刻	環境構成	予想される子どもの活動	援助のポイント
10:15		●追いかけっこをする ・間違って逃げる、追いかけるなど、最初は迷うが、徐々に慣れて遊びを楽しむ。 ・相手を捕まえる嬉しさや、逃げ切るスリルを感じる。 ・繰り返し遊びを楽しむ。	・「ねーねーねー…」の声かけを続け、途中で「ねぎ」「ねこじゃらし」など、ひっかける言葉も混ぜ遊びに変化をつける。 ・「とり」「とかげ」「とんぼ」などグループの名前や分け方を変えたりして、休憩を挟みながら繰り返し遊ぶ。🔍3
10:45		●集まる ・実習生の話を聞き、追いかけっこの余韻を楽しむ。	・「ねこさんもねずみさんも、とっても素早く追いかけっこができたね」「また遊ぼうね」と遊びをまとめて、終わる。

🔍1 視覚的な工夫

子ども自身が同じグループ、違うグループということがわかるよう、視覚的にわかりやすい方法をとっています。目で見てわかる工夫は、遊びや生活などさまざまな場面で必要です。

🔍2 友だちとの関係につなげる

仲間関係が深まる時期です。子ども同士で解決できることは子どもに任せるなど、関係をつなげる意識をもちましょう。

🔍3 遊びのアレンジ

同じ遊びでもアレンジすることで、「次はこうしてみよう」と工夫が生まれ、活動にメリハリが出ます。慣れてきたら、子どもと一緒に考えてみましょう。

自己評価のポイント✎
●ルールを理解して、遊びを楽しむことができたか
●遊びのなかで、身体をのびのびと動かしていたか

5歳児

責任実習・指導案例（幼稚園）
主活動：カレンダー製作

期日	20○○年年6月13日（木）	クラス	5歳児　にじ組	在籍	27名

前日までの子どもの姿
- 5歳児となった自覚をもち、3歳児の着替え、食事の準備などの手伝いや世話を進んで行う。
- 園庭のミカンの木の葉にいるアゲハ蝶の卵を飼育箱で育てている。🔍1

ねらい
- 身近な生き物への興味・関心を深める。

内容
- 6月のカレンダー製作「かえるのおやこ」を楽しく作る。

実習のポイント

🔍1 興味・関心を活動につなげようとしているか

卵が幼虫や青虫に変態する様子を観察して、「なんでだろう」と不思議に感じることが、図鑑などで「調べてみよう」という意欲へとつながります。

時刻	環境構成	予想される子どもの活動	援助のポイント
8:30		●順次登園・準備 ・「おはようございます」と挨拶をする。 ・スモックに着替え、水分補給をする。	・明るい気持ちになるよう、一人ひとりに声をかけて元気な挨拶をする。 ・保護者からの連絡を聞きながら健康観察をする。
	黒板 ブロックスペース / 飼育箱の世話 ままごとスペース / 机 ロッカー	●自由遊び（室内） ・飼育箱の世話、ブロック、パズル、あやとり、ままごと、などを楽しむ。 ・3歳児の世話をする。	・自ら遊びを選べるように、ブロックやパズルなど、子どもの手に届く場所に出しておく。🔍2 ・3歳児クラスへ行く際は「○○クラスへ行ってきます」と言うように伝える。
9:20		●戸外へ行く準備🔍3 ・片付ける。 ・うがい、手伝い、水分補給、排泄をする。 ・カラー帽子を被り、靴を履く。	・戸外へ行くので、準備をするよう伝え、見通しをもって片付けが行えるようにする。 ・保育者も水分補給を忘れずにする。
9:30	鉄棒 鬼ごっこ / 遊具 サッカー / 虫探し（木）	●自由遊び（戸外） ・鬼ごっこ、だるまさんがころんだ、虫探し、サッカー、鉄棒、などをする。🔍4	・一人ひとり、どのような遊びを楽しんでいるかを捉える。 ・鉄棒では危険がないか見守る。
10:20		●片付け ・チャイムの合図で片付け、部屋に戻る。 ・手洗い、うがい、水分補給、排泄をすませ椅子に座る。	・遊んでいた物を決められた場所に戻すように伝える。 ・しっかりと水分補給をしてから着席するよう声をかける。
10:30	黒板　暗 （机配置図）	●朝の活動 ・『おはようの歌』を歌う。 ・日直は前に出て挨拶をする。 ・どんなカレンダーを作るか聞く子どももいる。 ・日直は、日直の仕事（挨拶、片付けの確認、水やり、ごみ集め）をする。	・全員が着席したことを確かめてからピアノを弾く。 ・日直の名前を呼び、前に出るように伝える。 ・挨拶が終わったら、これからカレンダーを作ることを伝え、活動の見通しをもってもらう。

🔍2 環境設定の意図

子どもが自分自身で好きな遊びを選ぶことができ、遊びのイメージを膨らませることができるような魅力的な環境づくりを目指しましょう。

🔍3 次の活動に移る際の働きかけ

少し先の活動を子ども自身がイメージし、そのために今することを考える時間をつくることで、主体性や計画性が育まれていきます。主な活動以外の何気ない時間にも、子どもの心が育まれる機会はたくさんあることを認識しておきましょう。

🔍4 人の関わりやルールを学ぶ

園生活を通して、友だちとの関わりを深め約束を守ろうとする姿があります。ルールがある集団遊びでは他者の存在に気づき、葛藤やつまずきをも体験して、互いの思いを主張しながら折り合いをつけて、次第に自分の感情をコントロールできるようになります。

時刻	環境構成	予想される子どもの活動	援助のポイント
10:40	●『すごい虫ずかん～くさむらのむこうには～』 ●緑と黒の折り紙、6月のカレンダーを貼りつけた台紙を人数分＋予備用意しておく。 折り紙 画用紙 カレンダーを貼っておく	●カレンダー製作 ・図鑑『すごい虫ずかん～くさむらのむこうには～』を見る。 ・カレンダー製作についての説明を聞く。 ・緑色の折り紙でカエルを1匹、黒い折り紙でオタマジャクシを2匹、折る。 ・カエルの親子を台紙に貼る。 ・ロッカーからマーカーペンを持って来てカレンダーの数字を、日曜日→赤、土曜日→青のペンを使って丸で囲む。🔍6	・オタマジャクシがカエルになる話を交えて、図鑑のページをめくる。 ・「オタマジャクシがカエルになるのは何月でしょう」とクイズを出し、製作の見本を見せる。🔍5 ・折り紙（緑1枚、黒2枚）とカレンダーの台紙を配る。 ・大きな紙を使い、子どものペースに合わせて折り方を示しながら折り進める。 ・子どもの能力に応じて個別に援助する。 ・折り紙ができた子どもから台紙に貼りつけるよう声をかける。 ・完成した作品を乾燥棚に置く。
11:50		●片付け・昼食準備 ・手洗い、うがい、排泄をする。 ・自分のお弁当箱を出す。	・昼食の準備をするよう伝える。
		●昼食 ・『お弁当の歌』を歌い「いただきます」をする。 ・箸を使って食事をする。 ・食べ終えた子は各自「ごちそうさま」の挨拶をして、お弁当箱を片付け歯を磨く。	・一緒に会話をしながら食べる。 ・食べている量や箸の持ち方を確かめ、必要があれば正しい持ち方を伝える。🔍7 ・食べ終わった子から歯を磨き、製作の続きをするように声をかける。
12:30		●製作の仕上げ・発表 ・クレヨンで空いているスペースに絵を描くなど、製作の仕上げをする。 ・作品を友だちに見せて工夫したところなどを話し合う。 ・帰りの準備をする。	・一人ずつ名前を読んで作品を手渡し、仕上げをするように促す。 ・一人ひとりの作品のよさを認め、言葉をかける。 ・帰りの準備をするよう伝える。
13:20	黒板	●帰りの会 ・チャイムの合図で着席して『大きな古時計』を歌う。 ・紙芝居『赤ずきんちゃんとウイルスおおかみ』を見て、ウイルスについて考える。 ・『おかえりの歌』を歌い「さようなら」の挨拶をする。	・ピアノを弾いて一緒に歌う。 ・紙芝居を読むので見える所に座るよう伝える。 ・紙芝居を読み終えたらウイルスについて話す。
13:45		●順次降園 ・迎えがきたら挨拶をして、順次降園する。 ・保護者と保育者、実習生が話を聞いて、一緒に今日あったことを話す子どももいる。	・子どもと保護者へにこやかに挨拶をする。 ・活動の様子を、担任の保育者と一緒に保護者に伝える。🔍8

0歳児 1歳児 2歳児 3歳児 4歳児 **5** 歳児

🔍5 季節の変化を感じる

子どもは、その時季ならではの遊びや体験から、季節によって変化するモノやコトを学びます。カレンダー製作では、「季節感を味わう」というねらいがあることにも注目しましょう。

🔍6 数字に関心をもつ

数字や文字は、園生活のなかで子ども自らの必要感に基づく体験を大切にし、活動に取り入れるようにします。

🔍7 箸の使い方を確かめる

4歳児のほとんどが箸を使い食事をします。幼児期に誤った箸の持ち方をすると成人してから直すことが難しくなるので、一人ひとりの使い方を確かめましょう。また、実習生自身も正しい持ち方をしているか、実習前に確認をしておきましょう。

🔍8 保護者対応

実習生に保護者対応をさせてくれる園もあれば、保護者対応は控えるように言われる園もあります。事前に確認をしておきましょう。

✏️ 自己評価のポイント

●子どもが興味をもちながら、主活動へ向かうことができたか
●1日の見通しをもって、子ども自身が主体的に動いていたか

年齢別 おすすめ手遊び・わらべうた

 手遊びは『保育と遊びのプラットフォーム HoiClue[ほいくる]』で確認ができます。

0歳児
子どもと目を合わせ、優しく語りかけるように歌いましょう。

- 『トコトコトコちゃん』
- 『いっぽんばしこちょこちょ（わらべうた）』

3歳児
イメージを膨らませて想像力を豊かに。

- 『あおむし』
- 『にんじゃのつくりかた』

1歳児
リズムが心地よく、簡単で覚えやすい歌を。

- 『なまえ歌あそび』
- 『キャベツはキャッキャッキャッ』

4歳児
ユニークな動きや言葉を楽しみましょう。

- 『3びきのこぶた』
- 『小さな庭』

2歳児
子どもとやりとりし、手や指をたくさん動かしましょう。

- 『あなたのおなまえは?』
- 『はじまるよ』

5歳児
身近な題材でリズミカルな手遊びでゲームもできます。

- 『たこ焼き』
- 『やおやさん』

 先輩からのメッセージ

手遊びやわらべうたは、いつでもどこでも道具を使わず子どもの注目を集められる魔法の技です。短い時間でできるもの、ゲーム性のあるもの、1対1でできるものなど、いくつかパターンを用意しておきましょう。活動前の雰囲気づくりなど、さまざまな場面で役立ちますよ。失敗を恐れずどんどんチャレンジしてくださいね!

第5章

施設実習

施設実習は、実際に福祉施設の現場に入り、子どもや利用者と直接ふれあいながら学ぶ実習です。

施設実習は、実習先の施設やその役割を具体的にイメージできないことが多いため、不安が強くなりやすいかもしれません。このような不安や戸惑いを解消するためにも、施設実習の意味や学びを確かめ、実習に備えましょう。

さまざまな背景や困難を抱えた子どもや利用者から学ぶことは多く、施設での実習経験は、今後幅広い視野をもち、あらゆる問題に対応できる高い専門性を身につけるためにも役立ちます。

施設実習

必修科目「保育実習I」(施設実習)と、選択科目「保育実習III」(施設実習)を選んだ場合、社会福祉施設で実習をします。保育士資格は福祉施設で働くことのできる社会福祉専門職のひとつで、0〜18歳児未満の社会的養護を必要とする子どもや保護者に対する保育指導の役割をもちます。そのため、保育所以外での福祉施設での実習も必要です。

施設実習 の目的
- □ 施設で生活したり、通所で利用したりする子どもや利用者への理解を深める
- □ 社会福祉施設の役割と機能を理解する
- □ 施設内での保育士の職務と役割を理解する
- □ 支援内容や療養活動を学ぶ

宿泊実習での留意点

実習先の勤務時間は1日8時間程度で3交代ですが、居住型の入所施設で実習を行うこともあるため、宿泊を伴う場合があります。起床から就寝までの生活を見ることで、施設の役割や子どもや利用者への理解も深まります。

一方で、生活の場に入ることになるので、さまざまな配慮や留意点があることを知っておきましょう。

体調管理に細心の注意を払う
普段の生活環境が一変するため体調を崩しやすくなります。日頃から健康管理を行い、体調を整えておきましょう。

情報の守秘義務
さまざまな背景をもつ子どもや利用者の、極めてプライベートな生活に入る実習です。個人情報を守ることが求められます。

所持品・貴重品の管理
携帯した金品は責任をもって管理し、実習に関係のない物は持ち込みません。また、子どもや利用者と個人的な物のやりとりは絶対にしてはいけません。

施設のルールを守る
施設内にはそれぞれのルールがあります。みんなが心地よく生活をするためのルールです。実習生もそのルールを守ります。

整理整頓・清潔を心がける
施設で宿泊する部屋は、複数で利用することが多くあります。互いが気持ちよく生活できるよう、私物を広げたままにしないよう整理整頓を心がけましょう。また、実習終了後は借りた寝具などは清潔にして戻し、冷蔵庫に持ち込んだものはすべて持ち帰ります。

施設実習の流れ

実際にいつ、どんなことをするのか、流れをイメージしておきましょう。
※どこにどのくらい時間をかけるかは、実習先によって異なります。

実習前

- 事前指導…………施設実習を行う意味や目的を明確にする。記録や指導案の書き方など、保育実践を学ぶ。
- オリエンテーション…実習先の施設へ伺い、社会的な役割や実習内容、勤務形態（早番、遅番など）、諸注意などの説明を受ける。疑問点や確認しておきたいことを整理しておく（**P.11**参考）。

実習の前半

- 参加実習…………子どもや利用者の生活支援や、保育活動、療育活動に入り、関わりや実践を通して具体的な支援内容や生活環境、施設を利用する子どもや利用者の特性や状態を学ぶ。実習全体を通して行われる。

実習の後半

- 部分実習…………1日のなかの一部分の保育や活動を実習生が担当する。指導者の指導のもと、指導案を立てて臨む。（※実習先の施設によっては部分実習が実施されない場合もある）
- 巡回訪問指導……養成校の担当教員が実習先を訪問し、施設側から実習の様子を聞いたり、実習生と話したりする。相談したいこと、助言をうけたいことなどを整理しておく。
- 反省会……………おおむね実習最終日に行われる。初めに設定した目標やその達成度、学んだことや反省点、今後の課題を整理して臨む（**P.15**参考）。また、感謝の気持ちを具体的に伝える。

実習後

- お礼状の送付……実習先へお礼の手紙を送る。実習後1週間以内に出す（**P.16**参考）。
- 事後指導…………養成校に戻り記録や指導案を見返し、実習で学んだことを振り返ってまとめ、仲間と共有する。

施設の種類

実習先として乳児院や児童養護施設に行くことが多くありますが、実習先の施設以外にも保育士が配置される施設について、知っておきましょう。

福祉施設名	特徴・役割	対象年齢	入所型か通所型か
乳児院	保護者がいない、または保護者の事情で家庭での養育ができない乳幼児を預かって養育する施設。保護者の病気、経済的理由、家族関係、虐待などさまざまな入所の理由がある。	1歳未満の乳児。必要がある場合は小学校就学前の幼児も入所できる。	入所型施設
児童養護施設	保護者のいない児童、虐待を受けている児童、家庭環境など、さまざまな事情により家庭での養育が難しい児童が入所し養護を行う施設。	おおむね2歳から18歳。必要がある場合は、乳児（1歳未満）の入所や20歳までの入所延長ができる。	入所型施設
児童自立支援施設	不良行為を行った、または行う恐れのある子どもが入所、または通所しながら自立を目指す施設。	18歳未満の児童。	入所型・通所型どちらの機能もある
児童心理治療施設	心理的困難や苦しみを抱え、日常生活の多岐にわたって生き辛さを感じて心理治療を必要とする子どもを、入所、または通所しながら治療を行う施設。	小・中学生を中心に20歳未満。	入所型・通所型どちらの機能もある
児童相談所一時保護所	児童相談所に付属し設けている施設であり、保護が必要な子どもを一時的に保護する役割をもつ。	おおむね2歳以上18歳未満。	入所型施設
母子生活支援施設	18歳未満の子どもを養育している母子家庭、または何らかの事情で離婚の届出ができないなど、母子家庭に準じる家庭の女性が子どもと一緒に利用できる施設。		入所型施設
障害児入所施設	身体に障害のある児童、知的障害のある児童、精神に障害のある児童（発達障害児を含む）が入所し、保護、日常生活の指導及び自活に必要な知識や技能の向上を目指す施設。福祉サービスを行う「福祉型」と、福祉サービスに加えて治療を行う「医療型」がある。	18歳未満の児童。	入所型施設
障害者支援施設	生活介護や自立訓練、就労移行支援、就労継続支援などを入所型で行う施設。		入所型施設
指定障害福祉サービス事業所	生活介護や自立訓練、就労移行支援、就労継続支援などを通所型で行う施設。		通所型施設
児童発達支援センター	身体に障害のある児童、知的障害のある児童または精神に障害のある児童（発達障害児を含む）が通所し、日常生活における基本的動作や、自活に必要な知識や技能の向上、また集団生活への適応のための訓練を受ける施設。地域の障害児や家族への相談、障害児を預かる施設などへの援助、助言も行っている。福祉サービスを行う「福祉型」と、福祉サービスに加えて治療を行う「医療型」がある。	18歳未満の児童。	通所型施設
児童厚生施設	児童に健全な遊びを与えて、その健全育成を図る目的で設置された施設。児童遊園、児童館などがある。	18歳未満の児童。	通所型施設

●乳児：出生〜満1歳未満までの赤ちゃん　　●幼児：満1歳〜小学校就学まで　　●児童：満18歳に満たない者（児童福祉法より）

遊びのアイデア

紙パック的当て

➡ **指導案はP.118**

用意するもの
● 紙パック　● 油性ペン　● ホッチキス　● ハサミ　● 輪ゴム

❶紙パックの底と上部分を切り取り、赤ペンで描いた切り線に沿ってハサミで切り、的と鉄砲を作る。

❷油性ペンで、的や鉄砲に好きな絵を描く。

❸鉄砲に輪ゴムをかけ、的めがけてうつ。

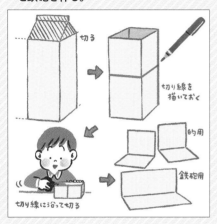

ぐるぐるヘビ

➡ **指導案はP.119　型紙はP.150**

用意するもの
● 画用紙　● クレヨン　● ハサミ　● のり　● 紐（40cmほど）

❶画用紙にうずまきを描き、中心にキリで穴を開け、クレヨンで顔や模様を描く。

❷うずまきの線に沿ってハサミで切る。画用紙で舌を作ってのりで貼る。

❸開けておいた穴に紐を通し、抜けないように結んでから、紐を持ってヘビの動きを楽しむ。

記録例（児童養護施設）

期日	20○○年11月25日（木）	クラス	たいようホーム （小学生：4名　中学生：3名　高校生：1名）
天候	雨	在籍	8名

本日の目標
- ●家庭的な養育とはなにかについて、子どもへの関わりを通して考える。
- ●児童養護施設における夜間勤務の流れを把握する。

実習のポイント

時刻	子どもの活動	保育者の動き	実習生の動き（●）／気づき（*）
15:00	●小学生帰宅🔍1 ・手洗い、うがい、排泄をする。 ・連絡帳を出し、ランドセルを片付ける。 ・宿題をしておやつを食べ、翌日の支度をする。	・帰宅した子どもに声をかけ、連絡帳やプリントを確認する。 ・学校での出来事など、子どもの話を一人ひとり聞く。 ・おやつの準備をする。	・笑顔で子どもを迎える。 *保育者は子どもの目を見て話をしっかり受けとめていた。 *子どもの年齢や様子に合わせて、言葉のかけ方を変えていることがわかった。
16:00	●自由に遊ぶ ・（Aちゃん、Bちゃん）カードゲームをして遊ぶ。 ・テレビを見る、読書をするなどして自由に過ごす。	・子どもの様子を見ながら夕食の準備をする。時折、子どもの様子を見て声をかける。🔍2 ・洗濯物をしまっていない子どもに声をかける。🔍3	・子どもと一緒に遊ぶ。 ・カードゲームをしていると小学生同士でトラブルになり、ゲームが中断した。どう関わればよいかわからず、保育者に対応を代わってもらった。
17:00	●中学生帰宅 ・プリントを出す。 ・部屋で宿題をする。 ●小学生は入浴 ・一人ずつ入浴をする。 ●高校生帰宅 ・部屋で宿題をしたり、テレビを見たりして自由に過ごす。	・帰宅した子どもの話を聞く。 ・夕食の支度、子どもの身の回りの世話をする。 ・学校や塾の宿題をみる。 ・小学生には、翌日の準備の確認をする。	・帰宅した子どもに声をかける。 ・入浴準備の声をかけ、低学年児の入浴を見守る。 *家事をする姿を子どもに見せることで、家庭をイメージできるようにしているとわかった。
19:00	●夕食 ・全員で挨拶をして食べ始める。 ・（Eちゃん）学校での出来事をみんなに話す。	・子どもの様子を見ながら一緒に食事をする。	・一緒に楽しく食事をする。 *食卓を囲みながら穏やかな雰囲気で食事ができるように配慮していた。🔍4
20:00	●団らん ・テレビを見たり、ゲームをしたりして自由に過ごす。	・夕食の片付けをしながら、高校生と話す。	・子どもと一緒にテレビを見る。 *隣でテレビを見るだけで子どもが安心感を得ることに気づいた。
20:30	●小学生は就寝準備・就寝 ・それぞれの部屋で寝る。	・低学年児の部屋で寝かしつけ、眠りにつくまで見守る。	
21:00	●中高生は入浴 ・一人ずつ入浴する。 ・勉強、翌日の支度などをする。		*中高生はそれぞれやることは自分で取り組むので見守りが中心となると知った。🔍5

🔍1 開始時間

この日の実習は子どもの帰宅時間に合わせてスタートです。施設によって異なるので、指導担当の職員と相談・確認しておきましょう。

🔍2 伝え方の配慮

保育者は常にいくつかのことをしています。しかし、いつも何かをしながらではなく、メリハリをつけています。どのような場面で手を止め、目を見て向き合っているかなど、注目して観察しましょう。

🔍3 自立した生活習慣

生活の場である児童養護施設では、ある程度自分でするべきことが決まっています。できていないことをどのタイミングで伝えるか、どのような言葉で伝えるか考えてみましょう。

🔍4 みんなで食卓を囲む

生活支援において食生活は基本的な生活習慣の獲得や健康な身体づくりのため重要です。また、家庭のようなあたたかい雰囲気の中でみんなで食事をすることが充実感につながります。

🔍5 生活の見守り

見守るとはどういうことでしょう。適切なタイミングで適切な援助ができるよう一人ひとりを受けとめ、あたたかい目で見守りましょう。

時刻	子どもの活動	保育者の動き	実習生の動き（●）／気づき（*）
6:15	●中高生は順次就寝 ●起床 ・歯磨き、排泄、着替えなど朝の準備をする。	・起床の声をかけ、窓を開けて空気を入れ替える。	・起床の声をかけ、子どもの朝の準備を見守る。
6:40	●朝食 ・全員で挨拶をして食べ始める。 ・（Aちゃん）おかわりする。	・朝食と高校生の弁当を作る。 ・朝食の配膳、登校の準備の確認をする。	・朝食の準備を手伝う。 ・一緒に食事をする。
7:20	●小中学生登校 ・挨拶をして登校する。 ・（Bちゃん）音読に自信をもって学校へ向かう。	・元気よく送り出し、通学路に出て安全を見守る。 ・朝食の片付けや掃除をする。	・途中まで一緒に会話しながら登校する。 *保育者は一人ひとりに忘れ物がないか尋ね、元気よく「いってらっしゃい」と声をかけていた。🔍6
7:45	●高校生登校 ・弁当を持ち、登校する。	・登校を見送り、各部屋の掃除や洗濯をする。	・朝食の片付け、掃除、洗濯などを手伝う。
9:40		●施設全体の環境整備 ・掃除や片付けをする。	・施設外周のゴミ拾いをする。
10:00		●打ち合わせ、申し送り	🔍7

〈エピソード〉

　Dちゃんは、帰宅してから宿題に取り組むまでに時間がかかった。Dちゃんの宿題を見るよう言われていたので、しばらく見守り、「宿題やらないの？」と声をかけると「今やろうと思っていたとこ」と言われ、「わかった。ごめんね」と謝った。マンガを読み始めたので再度声をかけたが、無視して読み続けた。またしばらくして声をかけたが、「うるさいからあっちに行って」と言われたので、職員に相談し対応していただいた。

　宿題をすることは習慣づいていると思っていたので、簡単に取り組むだろうと考えていたがそうでなかったので焦ってしまい、どうしたら宿題をするかばかり考えてしまった。なぜやりたくないのか、なぜやらないのかをその場で考えることができなかったのは、「やらせなくては」と思っていたからだと思う。🔍8　Dちゃんの気持ちを聞いたり、やりたいと思うような声のかけ方を工夫することができればよかった。宿題をするのは当たり前という自分の思い込みに気づくとともに、子どもの気持ちを確認することの大切さを考える機会となった。反省会ではDちゃんが育ったこれまでの背景を聞くことができ、個別化して対応することの重要性を再認識した。

振り返り・考察

　ホームは家庭的な環境に配慮していることは感じていたが、支援のなかに家庭的という部分がどのように反映されているのかを、考えようと思い目標を設定した。異なる年齢の子どもが生活する場では、いつも騒がしくなりがちで、ずっとテンションが上がりっぱなしなのではないかと思っていた。ところが、空間的に静と動の場所を分けること、また、静と動の時間を意識的につくることで落ち着いて過ごせる場所になることがわかった。生活空間を共にする場であるからこそ、そのメリハリが大切なのではないかと考え、子どもの様子や場の雰囲気に合わせて過ごすことを心がけた。職員の方から、互いに力を抜きリラックスしている場面だからこそ話しやすいこともあると教えていただき、学びとなった。

　テレビを見ている場面では、必要以上に声をかけず寄り添って一緒に見ているだけだったが、その様子から安心できる場所と時間を共有しているのではないかと考えた。ほかの生活場面でも同じように一人でも安心できる時間と場所があり、家庭的な環境をつくっているのだと思う。「家庭的」という概念がうまくイメージできなかったが、今日は少し「家庭的」な雰囲気を知ることができたように感じる。

　また、子どもが帰宅してから翌日登校するまでの実習をさせていただいたことで、生活の場である児童養護施設では、職員の方が常にいくつもの仕事を行っていることがよくわかった。保育者は学校の書類に目を通したり、掃除や食事の準備をしたりしていたが、きちんと子ども一人ひとりを見守り、慌ただしいという印象ではなかった。それは、日々の予定をきちんと把握し、職員間で連携がとれているからだと感じた。職員の方の動きや子どもとの関わりにも注目しながら、施設養護における家庭的な環境や生活について、さらに理解を深めていきたい。

🔍6 **気持ちに寄り添った言葉かけ**

朝はしなければならないことが多く、慌ただしくなります。苦手な授業があって緊張して登校する子どももいるでしょう。体調を確認し、子どもの気持ちに寄り添った言葉をかけて送り出しましょう。

🔍7 **地域との関わり**

児童養護施設は地域と親密な関係を築くことが大切です。施設外周をきれいに整備したり、近所の住民に気持ちのよい挨拶をしたりするなど、子どもがその地域の中で育つことを意識して行動しましょう。

🔍8 **言葉かけによる動機付け**

「あたりまえ」のことを子どもにわかるように伝えることは難しいものです。「なぜ宿題をするの？」「なんでごはん食べるの？」子どもは驚くような質問をぶつけてきます。自分なりに子どもが「そうか」と思えるような答えを用意しておきましょう。

先輩からのメッセージ

製作はねらいや目的をもって計画を立てましょう。季節感だけで内容を決めると「それで、これをどうしたいの？」と、担任保育者になんとなく決めたことが見抜かれてしまいました。

部分実習・指導案例（児童養護施設）
紙パック的当て （遊び方➡P.115）

実習のポイント

期日	20○○年8月2日（火）	クラス	あおいグループ （児童男子部/小1:2名　小2:4名　小3:1名　小4:1名）	在籍	8名

前日までの子どもの姿	ねらい
●夏祭りの思い出を楽しそうに話す。 ●切ったり貼ったりする製作を楽しんでいる。 ●一緒に生活するなかで、子どもの方から少しずつ実習生に声をかけてくれることが多くなっている。	●紙パックから的当てを作り、達成感と的を狙うおもしろさを味わう。 **内容** ●紙パックで鉄砲と的を作って楽しく遊ぶ。

時刻	環境構成	予想される子どもの活動	援助のポイント
10:00	●紙パックを人数分+予備を用意し、底と上部を切り取り、赤ペンで切り取り線を描いておく。	●実習生の話を聞く ・椅子に座る。 ・実習生が持つ紙パックと同じものが机にあることを確かめる。 ・夏祭りの的当てを思い出し、どのように作るのか興味をもつ。	・椅子に座り、注目するよう声をかける。 ・紙パックを手に持ち、「これが、楽しいおもちゃに変身します」と言い子どもの視線を実習生に向ける。 ・実習生が作った鉄砲を見せ、的に当てる様子を見せる。
10:10		●的と鉄砲を作る ・実習生と一緒に、紙パックの赤い線に沿ってハサミで切る。 ・どのように的と鉄砲ができるのか、好奇心をもって製作に取り組む。 ・切り離した紙パックを谷折りし、ホッチキスで片方を留める。 ・徐々に鉄砲と的の形がわかり、的当てへの意欲を感じる。 ・的や鉄砲に絵を描く。	・牛乳パックに赤い線があることを示し、線に沿ってハサミで切るよう伝える。🔍1 ・切り終えたパーツは的と鉄砲になることを伝え、見本を見せながら大きなパーツを「W」の形に谷折りし、ホッチキスで片側を留めるように伝える。 ・画用紙やペンを使い、的と鉄砲に自由に模様をつけるよう伝える。
10:35	●輪ゴムを一人5つほど用意する。	●的当てで遊ぶ ・鉄砲に輪ゴムをかけ、的に向かってうつ。 ・的に当たって倒れた嬉しさや外れた悔しさを感じる。 ・慣れたら的との距離を離すなど、遊びをアレンジする。 ●片付ける ・的当てを十分に楽しみ、充実感をもつ。 ・まだ遊んでいたい子どももいる。🔍3 ・作品と道具を片付ける。	・的と鉄砲ができあがったら実習生の周りに集まるよう伝え、的当ての遊び方を実際に見せながら話す。 ・鉄砲に輪ゴムをかけてホッチキスで留めた方を的に向け、手元を広げてうつように伝える。 ・鉄砲のうち方に困っている子どもには、手を添えて一緒にうつ援助をする。🔍2 ・終わりの時刻であることを知らせ、片付けるよう伝える。 ・「黒くて格好いい鉄砲だね」など、活動が楽しかった気持ちに共感する。 ・「午後もこれで遊ぼうね」と声をかける。

🔍1 素材の特性を知る

紙パックは厚い紙です。うまく切れない子どもには、しっかりハサミを奥まで入れるよう伝えましょう。

🔍2 気持ちに寄り添った援助

自分でやりたいという気持ちが強く、根気強く取り組んでいる子どももいるでしょう。直接手助けをする前に、持つ場所に印をつけるなど、段階的に援助しましょう。

🔍3 安全への配慮

飛ばした輪ゴムが誰かに当たると危ないので、全員が同じタイミングで活動を終える必要があります。「午後にまたやろうね」と、子どもの気持ちを尊重しつつ、片付けを促します。

自己評価のポイント
●子ども自身が安全に気をつけて活動できたか
●製作から遊び、片付けへの移行はスムーズだったか

部分実習・指導案例（児童養護施設）
ぐるぐるヘビ（遊び方➡P.115）

期日	20○○年8月28日（水）	クラス	むぎグループ （幼児部/4歳児：2名　5歳児：3名　小1：3名）	在籍	8名

実習のポイント 🔍

前日までの子どもの姿
- 縄跳びが流行っており、前跳びや後ろ跳びに繰り返し挑戦している。
- トランプ、カードゲーム、塗り絵などの遊びを日常的に楽しんでいる。

ねらい
- 想像しながら自分のヘビを作り、動かして表現することを楽しむ。

内容
- くるくると動くヘビを作って楽しく遊ぶ。

時刻	環境構成	予想される子どもの活動	援助のポイント
10:00	 穴を開ける ペンで描く 画用紙 ● A4の画用紙を人数分＋予備を用意し、うずまきを描き中心にキリで穴を開けておく。 ● 紐を40cmの長さに切り人数分用意しておく。	●実習生の話を聞く ・椅子に座り、実習生に注目する。 ・実習生の問いかけに対し、「ヘビ」「ミミズ」など、細長い生き物の名前を発言する。 ・画用紙で作ったヘビがくるくると回る様子をじっと見る。 ・自分も紐を操作して、ヘビをくるくると回したいと思う。 ・画用紙を受け取る。 ◉ヘビを作る ・ハサミで画用紙をうずまきの形に切る。 ・誤ってうずまきを切り落とす子どももいる。🔍2 ・クレヨンでヘビの顔や模様を描く。 ・リボンやミミズなど、ヘビ以外のモチーフで作り、色を塗る子どももいる。 ・くるくると回る様子を想像しながら、色を塗る。 ・実習生に紐を通してもらう。 ・作品ができあがる時間には個人差がある。	・ハサミとクレヨンを持って、椅子に座るよう声をかける。 ・「細長くて、によろによろ動く動物はなにかな」とクイズを出す。🔍1 ・さまざまな答えを受けとめ、あらかじめ作ったヘビをゆっくり取り出して見せる。 ・ヘビを作ることを伝え、紐を動かしてヘビが元気よく動く様子を見せる。 ・グループごとに画用紙を配る。 ・画用紙をうずまきに沿って切り、クレヨンで顔や模様を描くように伝える。 ・ヘビの舌も作るよう伝える。 ・製作の様子を見てまわり、切り間違えてしまった子どもには予備の画用紙を渡す。 ・ヘビ以外のものへの見立ても受けとめる。 ・顔や模様を描き終わったら実習生の所に持ってくるよう伝える。 ・キリで開けておいた穴に紐を通し、結んでから子どもに渡す。 ・まだヘビを作っている友だちがいることを伝え、保育室の後ろのスペースで遊ぶよう伝える。
10:10			
10:35		●作ったヘビで遊ぶ ・紐を持ち、手を動かして遊ぶ。 ・くるくると回る様子や、画用紙のねじれ具合を楽しむ。 ・きれいに回転させたいと思い、手の動かし方をさまざま試す。 ●片付ける ・声かけを聞き、遊びを終える。 ・ハサミ、クレヨン、のり、ヘビをしまう。	・回し方や速さによって、動きが変化する様子を言葉で伝える。 ・「うねうね」「によろによろ」と、ヘビの動きを表した言葉をおもしろく発し、遊びが楽しくなるようにする。🔍3 ・「いろいろなヘビが回って楽しかったね」と話し、かばんにしまうよう伝える。

🔍1 子どもの想像力を受けとめる

クイズは子どもの想像力を刺激します。「正解」「不正解」で返事をせず、「惜しいな」「たしかに細長い動物だね」など、子どもたちの答えを受けとめましょう。

🔍2 意欲を高める言葉かけ

「うずまきに切るのは難しいよね」と、失敗した子どもの気持ちに寄り添います。ハサミを回している場合には、紙を回しながら切ることを伝え、再び挑戦する姿を応援しましょう。

🔍3 遊びの発展

擬音語・擬態語を使うと、楽しくコミュニケーションをとることができます。同じ言葉でも、ヘビの動きに合わせて声色や速度を変えるなどして、豊かに表現しましょう。

自己評価のポイント ✏️
- 工夫して遊ぶ姿が見られたか
- 遊びが満足できる働きかけができたか

いろいろな鬼ごっこ

お役立ち情報

 『保育と遊びのプラットフォーム HoiClue［ほいくる］』では、いろいろな鬼ごっこを紹介しています。

ふえ鬼

どんどん鬼が増えていく…！？
鬼が増えるとハラハラどきどき、最後まで逃げ切れるのは誰だ…！
異年齢でも楽しめる、シンプル鬼ごっこをアレンジ♪

遊び方
❶鬼を1～2人決める。
❷10数えたら、鬼が追いかけてタッチする。
❸タッチされたら鬼になり、追いかける（鬼がふえる）。
❹鬼が逃げている子を全員タッチしたらおしまい！
※なかなか捕まらず、「おわり～」の合図があった場合に逃げている子どもがいれば、その子をみんなで拍手！（勝ち負けはないよ!）

ポイント
● 帽子を被ってタッチをされたら色を変えると、誰が鬼なのか見てすぐにわかる。
● 最初に決める鬼の人数は、一緒に遊ぶ子どもの人数によって決めてOK（少ない人数から始めた方がおもしろい）。

だんごむし鬼

ちょっと不思議な鬼ごっこ。
タッチしたり逃げたり走ったりする楽しさだけじゃない、おもしろさが味わえる遊びです♪

遊び方
❶鬼を決める。
❷10数えたら、鬼がみんなを追いかける。
❸逃げる人は、タッチされそうになったら「だんごむし!」と言い、小さく丸まる。だんごむしになると鬼はタッチできないが、丸まって固まってしまうため、だんごむしになった人は自分から動くことはできない。
❹逃げている人は、だんごむしになった仲間に「つんつん!」と言い、つついて元に戻してあげることができる。だんごむしになった人は、つついてもらったら自由に動けるようになる。
❺鬼は誰かにタッチするか、全員をだんごむしにするまで追いかける。

ポイント
● なかなか捕まらず鬼の交代が難しそうなときは、あらかじめ時間を決めて、鬼を交代したり、鬼の数を増やしたりするなど、工夫する。
● 鬼だけ帽子を被ったり帽子の色を変えたりするなど、わかりやすいルールを考えるのもおもしろい！

電子レンジ鬼

氷鬼のルールをアレンジした、鬼ごっこ。
仲間に助けてもらったら、「ちーん!」と解凍され、復活！
助ける方法もまたユニークで、戸外遊びがより楽しくなりそう♪

遊び方
❶鬼を決める。
❷10数えたら、鬼がみんなを追いかける。タッチされたら「カキーン」と、固まって動けなくなる（氷鬼と同じ）。
❸固まった人を助けるには…
2人組で固まった子を囲んで手をつなぐ。しゃがんで「電子レンジで……」と言い、立ち上がって「ちーん!」と言う（2人で大きな声で）。電子レンジで解凍されると、また動ける。
❹鬼は、全員を氷にさせるまで追いかける。

ちーん!!

でんしれんじで……

ポイント
● 2人揃わないと、助けられない！ というところがおもしろさのポイント！
● 2人とも鬼にタッチされる可能性もあるので注意！

第6章

文例/
保育用語/型紙

実習中や実習後にも役立つあれこれを集めました。

・文例………記録や指導案の書き方に迷った際、文
例を参考にしてください。

　　※詳しい書き方や項目の目的は、2章（P.17〜）
　　　「記録・指導案の書き方」へ

・保育用語…実習に入って初めて耳にする、保育現場
での専門用語を確かめてください。

・型紙………自己紹介ができる手袋シアターやペ
ープサートの型紙、また、指導案で使う
遊びの型紙も用意しています。

0歳児 文例

記録や指導案を作成する際、参考になる文例を年齢別に紹介します。書き方に迷った際、参考にしてください。

子どもの姿

- 手足を活発に動かし、物に手を伸ばしたり触ったりする。
- 音や声に反応し、音が聞こえる方向へ顔を向ける。
- 保育者の顔や玩具など、興味がある物をじっと見つめる。

- はいはいをして興味のある所へ行く。
- 登園（登所）時に保育者が抱くと、保護者から離れることを寂しがって泣く。
- 保育室内をはいはいで動き回る。

- 月齢の高い子どもは、つかまり立ちや伝い歩きで移動する。
- 降園（降所）時、保護者が迎えに来ると、声に反応して近くへ行く。
- お花紙やティッシュペーパーをくしゃくしゃにして楽しむ。

- 食べ物やコップを手でつかみ、自分で口に運ぶ（6か月〜）。
- 1時間ほどの間隔で排泄をする。
- 散歩中、風や日差し、周囲の音に反応する。

- 月齢が高い子ども（8か月）は月齢が低い子ども（3か月）に比べ、起きている時間が長い。
- 音が鳴る玩具を好み、鳴らして楽しむ。
- 身近な人の顔がわかり、慣れていない人には人見知りをして泣く。

- 自分の指をしゃぶる子どももいる。
- 歌ったり音楽をかけたりすると、音に合わせて身体を動かす。
- 「あー」「うー」などの喃語を発し、身近な大人が応えると、さらに喃語が増える。

- 空腹や不快、退屈、眠さを感じると泣いて訴える。
- 手に持った物を口へ入れる。

本日の目標

- 子どもの生活リズムや発達の違いを知り、一人ひとりに適切な対応を考え行動する。

- 子どもの欲求に気づけるよう丁寧に関わり、わからないことは積極的に尋ねる。

- 子どもの動きを予測しながら、安全に活動ができるよう環境や準備を整える。

- 子どもが心地よく感じる触れ合い方や関わり方を学ぶ。

- 抱っこやふれあい遊びなどで、子どもとの関わりを楽しむ。

- 喃語を出す子どもに笑顔で応え、やりとりを楽しみながら発語を促す。

- 家庭と連携をとりながら保育する姿を、保育者から学ぶ。

- 擬音語の多い絵本を読み、言葉の響きを子どもと一緒に楽しむ。

振り返り・考察

- 登園（登所）の際、家庭での睡眠や授乳の状況を保護者に尋ねる保育者の姿から、連携の大切さを学んだ。

- 伝えたいことを泣いて訴えると学んだが、どのような理由で泣いているかを判断するのは難しかった。

- つかまり立ちをする子どもはバランスを崩しやすいので、常にそばについて危険がないよう遊びを見守る必要があった。

- 言葉でのコミュニケーションが難しい0歳児クラスだからこそ、子どもの笑顔や反応が励みになると感じた。

- 玩具を口に入れる子どもが多いので、こまめに消毒するなど、衛生面に配慮をすることを学んだ。

- 表情や動きなどから、子どもの要求を読み取り、言葉をかけて応えることが重要だと感じた。

- 子どもが寝返りをしようとする際は身体を支えるなど援助をする必要があると知った。

- 積極的に土や砂、葉っぱなどの自然物に触れるよう働きかけ、さまざまな感触を味わえるようにすることを学んだ。

- 子どもが好きな遊びは、保育者も一緒に何度も繰り返し楽しみ、言葉や遊びが広がるきっかけをつくる大切さを学んだ。

- おむつ交換の際は、「きれいにしようね」「気持ちよくなったね」などと、清潔にすると心地よいことがわかるよう言葉をかけることを学んだ。

1 歳児 文例

記録や指導案を作成する際、参考になる文例を年齢別に紹介します。書き方に迷った際、参考にしてください。

子どもの姿

- 自立して歩く子どもが多く、探索活動を活発に行う。

- 手をついたり、手すりを持ったりしながら階段を上る。

- 短い距離をジャンプしたり、飛び跳ねたりする動きをする。

- スプーンを使って食事をする。

- 食べ慣れない物は口から出す。

- 「イヤ」などの言葉で自己主張し、自分の欲求を相手に伝える。

- 自分の名前がわかり、「○○ちゃん」と呼ばれると返事をする。

- 排泄したことを保育者に伝える子どももいる。

- クレヨンを持って画用紙になぐり描きをする。

- お手玉をつまんで箱に入れたり出したりする。

- 色紙や新聞紙を破いて遊ぶ。

- 粘土を指でちぎったり丸めたりして遊ぶ。

- 散歩中、植物や虫などに興味を示し、立ち止まる。

- ボールを投げたり、転がったボールを追いかけたりして楽しむ。

- 園庭を走り回るが、足がもつれて転ぶこともある。

- 保育者や他の子どもに興味をもち、同じ物を欲しがったりまねをしたりする。

- 「わんわん、いた」など、簡単な一語文や二語文で出来事や要望を伝える。

- 言葉の意味を理解し、「クレヨンを貸してくれる?」と頼むと手渡す。

- お気に入りの玩具を他の子どもが使っていると泣いて訴える。

- 自分でできることでも、甘えてしない場合もある。

本日の目標

- 子どもはどのような動きや遊びをするのか、関わりながら観察する。

- 保育者と保護者や保育者間での連携など情報共有の仕方を学ぶ。

- 発声や喃語、指さしに視線を合わせて応える。

- 行動範囲が広がるので、安全確認や周囲の環境に配慮して子どもと遊ぶ。

- 着脱や食事など自分でしようとする際は見守り、できないところは言葉をかけながら援助をする。

- 子どもの言葉や表情を受けとめたり、よく話を聞き言葉で返したりと、やりとりを楽しむ。

- 言葉の繰り返しのある絵本を読み、子どもと一緒に発語を楽しむ。

- 遊びや製作中は明るく元気に接し、午睡の前は落ち着きのある穏やかな関わり方をするなど、活動内容や場に応じた関わりをする。

振り返り・考察

- 登園（登所）の際、泣く子にはしばらく抱っこをして、安心したタイミングで遊びに誘い気持ちを切り替えることを学んだ。

- 食事の挨拶では保育者が見本になり、「いただきます」「ごちそうさま」を伝える大切さを知った。

- 排泄がトイレで成功した際は、一緒に喜び自信につながる言葉をかけることを学んだ。

- 子どもの要求へ丁寧に応えることで信頼関係を築けることに気づいた。

- 葉っぱや雲など普段見慣れているものでも、子どもにとっては新しい発見があるのだと散歩を通して実感した。

- 一人ひとりがじっくり遊び、玩具の取り合いからトラブルが起こらないよう、数や遊ぶ場所を十分に確保すべきだと学んだ。

- 抱っこしながら寝る、子守歌を歌いながら寝る、優しくトントンをされながら寝るなど、一人ひとり安心できる入眠スタイルを把握し、子どもが落ち着いて昼寝ができるよう配慮していることに気づいた。

- 玩具の取り合いなどのトラブルが起きた際は、子どもの気持ちを受けとめ、思いを代弁し、「かして」「どうぞ」などの言葉を添えながら、関わり方を伝える必要があった。

- 登園（登所）の際、泣いて子どもと別れた保護者には、お迎えの際に口頭で日中の遊びを楽しんだ姿を伝え、安心してもらうことを知った。

子どもの姿

- 歩く、走る、跳ぶなどの動きができるようになり、行動範囲が広がる。

- 手をついたり手すりを持ったりせず、階段を一段一段上り下りする。

- 大人の手を借りながら、服の着脱や排泄などをする。

- 服や靴の着脱を自分でしようとするが、思い通りにできないと泣いたり怒ったりする。

- 苦手な食べ物をすすめると「トマト、たべない」など、自分の思いを主張する。

- スプーンやフォークを手で持ち、あまりこぼさずに食事をする。

- 尿意を感じると保育者に知らせる。

- 紙をちぎる、ブロックを積む、シールを貼るなど、手指をコントロールして遊ぶ。

- 周囲にある入れ物や玩具を使い、ままごと遊びをする。

- 粘土遊びの際「くるまつくる」と言い、イメージしたものを作ろうとする。

- 玩具や道具の置き場がわかり、使った後に片付ける。

- シールをはがして、画用紙に描いた線の上や紙皿に貼る。

- 音楽に合わせて身体を動かしたり、保育者の動きをまねしたりする。

- 大人の補助なしで三輪車に乗る。

- 皿やコップに砂や草花を入れて料理に見立て、ままごとあそびをする。

- すべり台やブランコなど、遊具の遊び方を理解して楽しむ。

- 「まだあそぶ」など、自分の気持ちや要望を言葉で伝える。

- 友だちと一緒に遊ぶ楽しさがわかり、自分から関わろうとする。

- 「自分の物」という気持ちが強くなり、他の子どもが玩具を使おうとすると「○○ちゃんの」と、怒ったり嫌がったりする。

- 使いたい玩具を他の子どもが使っていると、少しの間待つことができる。

本日の目標

- 援助を先回りしすぎず、子どもの自主性を優先した援助をする。

- 言葉をかける際は、子どもに伝わるような言葉を選ぶ。

- 子どもの「イヤ」という気持ちを受けとめ、穏やかに対応する。

- 子どもの自由な発想を大切にして、ごっこ遊びや見立て遊びを楽しめる援助をする。

- 一人ひとり食べ方や食べる量の違いを知り、必要な援助を学ぶ。

- 身の回りのことを子ども自身が意欲的に取り組むところは見守り、できないところは手伝う。

- 散歩や戸外遊びを通し、自然の変化に気づけるよう言葉をかける。

- 身近な乗り物や動物、食べ物が登場する絵本を読み、子どもの発見や気づきを一緒に楽しむ。

振り返り・考察

- 子どもの年齢に合った、理解しやすい言葉を選んで話す難しさを感じた。

- 子どもが何度も「もういっかい」と言って、自分が考えた遊びで盛り上がった。おもしろさを感じるポイントがわかった。

- 子どもの心が動いた瞬間を見逃さず、共感する大切さを学んだ。

- 身の回りのことを自分でしようとする意欲を感じた。意欲を大切にする援助が必要だと学んだ。

- ごっこ遊びでは子どもの自由なイメージが膨らむ様子を見て、遊びを広げる方法をつかめた。

- 子どもが「自分でしよう」という意欲を大切にしながら、気づかないところは言葉をかけたり、援助をしたりすることを学んだ。

- 自分でできることでも甘えてしない場合もあると保育者は理解し、その気持ちを受けとめるのだと知った。

- 子どもが集中して好きなもので遊ぶ際は、必要以上に手を出さずそばで見守ることに気づいた。

- 実際に子どもを前にすると、焦りや緊張で援助がぎこちなくなってしまった。焦りや不安感は子どもにも伝わるので、心に余裕をもって対応するよう心がけたい。

0 歳児
1 歳児
2 歳児
3 歳児
4 歳児
5 歳児

3歳児 文例

記録や指導案を作成する際、参考になる文例を年齢別に紹介します。書き方に迷った際、参考にしてください。

子どもの姿

- 言葉の数が増え、「きのうのえほん、またよんで」など、会話をする。

- 服の着脱、食事、排泄などに取り組み、自分の力でやり遂げると「ひとりでできたよ」と満足そうに知らせる。

- 給食の時間に自分の食べられる量を伝える。

- 食べ終える時間に、個人差がある。

- 「いち」「に」と口に出すなど、数への関心が高まる。

- 同じ場所にいてもそれぞれのことをする「平行遊び」が多い。

- 「これよんで」と、読んでほしい絵本を保育者へ差し出す。

- 「○○にへんしん」など、新しく覚えた言葉を繰り返し使う。

- 積み木、人形、車の玩具など、短時間で遊びを変える子どももいる。

- 絵を描く際、花びらは赤、葉は緑にするなど、パーツごとにクレヨンの色を使い分ける。

- 遊びたい遊具や玩具を、自分の順番がくるまで待つ。

- 三輪車を自由に操作し、自分が行きたい所へ走らせる。

- 友だちと遊ぶなかで、相手の気持ちに気づき我慢したり譲ったりする。

- コップに砂を入れ、水を入れる量によって見た目や感触が違うことを楽しむ。

- 「なんで」「どうして」と保育者に尋ねることが増える。

- 話したいことや伝えたいことを、順序よく伝えられない場合もある。

- 製作で自分の作品ができあがると、「せんせい、みてー」と言い、保育者に見せる。

- 玩具の貸し借りなどで友だちと関わるが、言い合いやトラブルになる場合もある。

- 「ばか」「だいきらい」など、乱暴な言葉を使い、他者の反応をうかがう子どももいる。

- ハサミを人に向ける、友だちを叩くなど、してはいけないことを理解し、友だちに注意する。

本日の目標

- 子どもが活動へ取り組む姿を観察し、性格や好きな遊びを知る。

- 一人ひとりのつぶやきや発見に共感できるよう、ていねいに言葉を受けとめる。

- 子ども同士が気持ちよく過ごせるよう、必要に応じて仲立ちをする。

- 特定の子どもだけとの関わりにならないよう、人見知りのある子どもにも気をかけて関わる。

- 子ども同士が言葉で伝え合う姿を見守り、必要に応じて言葉を補うなどの援助をする。

- 簡単なストーリーのある絵本を読み、子どもと一緒に展開を楽しむ。

- 保育者を手本に、子どもが意欲的に活動へ取り組めるよう言葉をかける。

- 子ども同士の関わりのなかで、我慢したり譲ったりした際は、その気持ちを受けとめ自信につながる言葉をかける。

振り返り・考察

- 自分の計画通りに活動を進めるのではなく、場の雰囲気や子どもの反応を受けて柔軟な対応をする必要があった。

- 保育者は常に子どもに共感したりよく話を聞いたりして、どんなことも安心して話せるような雰囲気をつくっているのだと学んだ。

- 子ども同士のトラブルが起きた際は、相手の気持ちに気づけるような言葉をかけ、互いが納得できる解決法を探るという援助を学んだ。

- 目の前に子どもがいるつもりで、読み聞かせの練習をする必要があった。

- 相手に思いを言葉でうまく伝えられない場合は、保育者が思いを汲み取り言葉を添える必要があると知った。

- 子ども同士でけんかになった際は、無理やり収めるのではなく、互いの主張を聞いて相手の気持ちに気づける機会にすることを学んだ。

- 活動時間は余裕をもって設定することで、子どもが十分に遊び込めることを学んだ。

- 子どもが興味をもつような話し方や伝え方を工夫することが重要だと学んだ。

- 衣服の着脱や片付けが行いやすいよう、ロッカーの配置や動線を工夫していることを知った。

- 保育者は要求がある子どもに気づけるよう、常に全体に目を配る必要があると学んだ。

子どもの姿

- 自分の思い通りに身体を動かし、歌いながら踊るなど、ふたつの動作を同時にする。

- ボタンのかけ外しや、紐結びをスムーズに行う。

- 時間の感覚が身につき、「ごはんたべたら○○ちゃんとすなばであそぶの」と、先の見通しをもって生活する。

- 「きょうの○○ちゃん、ねつでおやすみだって」など、自分が見聞きしたことを、他者に言葉で伝える。

- 自分で髪を整える、鼻をかむ、うがいをするなど、清潔への意識がある。

- 自分からトイレに行き、ズボンやスカートを全部脱がずに排尿をする。

- 食事の際「きのうはコロッケたべた」など、家での食事のエピソードや会話を楽しむ。

- 1～10までの数を理解し、順番に口に出して言ったり、散歩の際に数字が書かれた看板を見つけると「よん」と指さしたりする。

- 読み聞かせた絵本の話や、うたの歌詞を覚えて友だちと一緒に口に出して楽しむ。

- 歌いながら、手足を動かして踊ることを楽しむ。

- 人の絵を描く際、顔だけでなく身体や手足、背景も描く。

- 粘土を丸めて形や大きさが異なるパーツを作り、それをつなげて組み立てることを楽しむ。

- ハサミを操作して、丸や三角などの図形を切る。

- 全身を使って遊び、アスレチック式の遊具や遊びに挑戦する。

- 鬼ごっこ、かくれんぼ、だるまさんが転んだなど、簡単なルールがある遊びを複数人で楽しむ。

- 両手で鉄棒を持ち、足をけり上げて逆上がりをしようとする。

- 自分が作ったものと、友だちが作ったものの違いを見つけ、言葉で表現する。

- 他の子が使っている玩具を取った子どもを注意すると、「わたしのほうがさきにつかいたかったもん」と、理由を言葉で伝える。

- 想像力が高まり、友だちと同じイメージをもってお店屋さんごっこなどの遊びを楽しむ。

- 遊びのルールを守らない友だちがいると、「だめだよ」と注意をする。

本日の目標

- 子どもが手順に迷うことなく活動に取り組めるよう、流れをわかりやすく丁寧に伝える。

- 手洗い、うがいの必要性について丁寧に説明し、子どもが積極的に取り組める雰囲気をつくる。

- 子ども自身、また子ども同士で問題を解決しようとする姿を観察する。

- 自然現象の変化など、不思議に感じる姿を受けとめ、一緒に考えたり調べたりする。

- 子どもの驚きや発見や感動に共感し、興味を広げられるようにする。

- 当番活動などを丁寧に行う姿を認め、子どもが自信をもてる言葉をかける。

- 子どもの話したい気持ちを受けとめ、丁寧に接する。

- 物語絵本を読み、子ども同士でイメージの共有ができるようにする。

振り返り・考察

- わからなくなった場合、自分の判断で行動せず確認をする大切さを学んだ。

- 製作を進める速さに個人差があることを頭に入れ、早く終わった子どもへの対応も計画に組み込むべきだった。

- 興味をもてるか不安だったが、導入に絵本を読んだことでイメージが膨らみ、積極的に製作へ取り組めていた。導入の大切さを学んだ。

- 子ども同士のトラブルが起こった際、一人ひとりの思いに共感し、安心して気持ちが言えるよう援助をすることの大切さを学んだ。

- 気づいたことや不思議に感じたことを調べられるよう図鑑や絵本を用意する必要があった。

- ペープサートや絵本を通して、感染症についてわかりやすく伝え、話す機会を設けたのだと気づいた。

- 子どもの発想や工夫を大切にし、その姿を認めることで作り上げた喜びを感じられるようにすると学んだ。

- 子どものイメージを大切にし、一人ひとりの作りたいものが実現できるよう援助する必要を感じた。

- ルールのある遊びを経験するなかで、ルールを守って遊ぶ楽しさや大切さを伝えるのだと実感した。

- ○○ちゃんに「先生たちと一緒に縄跳びしようか？」と尋ねると、恥ずかしそうに「うん」と言い、他の友だちと一緒に元気よくジャンプをした。○○ちゃんが離れたところからじっと見ている様子に気づき、声をかけてよかった。

5歳児 文例

記録や指導案を作成する際、参考になる文例を年齢別に紹介します。書き方に迷った際、参考にしてください。

子どもの姿

- 服の着脱、食事、排泄などを、大人の手を借りずにする。

- ほとんどの子どもが箸を使って食事をする。

- 当番活動を通じて、食事の準備や片付けをする。

- 時間や曜日、数がわかり、順番に数えることができる。

- 走って暑くなったら上着を脱ぎ、寒くなったら着るなど衣服の調節を自分でする。

- 「赤信号は渡ってはいけない」など、交通のルールをある程度理解している。

- 自分から「トイレいってくる」と言って自主的に排泄する。

- 保育者に「これ、なんてかいてあるの」と尋ねるなど、文字への関心が高まる。

- チューリップやネコなど、完成をイメージしながら折り紙で遊ぶ。

- パズルに集中して取り組み、絵が揃うと嬉しそうに「そろった」と知らせる。

- 自分が作った製作物を友だちと見せ合って、一緒に遊ぶ。

- 机の上に玩具やブロックを並べ、店員と客に分かれてお店屋さんごっこをする。

- 身体を動かすことを楽しみ、戸外遊びでは鬼ごっこや鉄棒で全身を使って遊ぶ。

- ドッジボールやすごろくなど、ルールのある遊びをグループで楽しむ。

- 植物や生き物の近くに行って手で触るなど、興味をもったものに自分から関わる。

- いろいろな友だちと共通の目的をもって遊びを考える。

- 保育者を手伝い、「ありがとう」と言われると満足そうにする。

- 「アリには、あしが6ぽんあるんだよ」など、覚えた知識や知っていることを保育者に伝える。

- 遊びの最中に友だちとトラブルが起きると、話し合って自分たちで解決しようとする。

- 困っている友だちがいると、「どうしたの」と、声をかける。

本日の目標

- 友だちのよさを認めながら、遊びや生活を楽しむ姿を知る。

- 遊びを通して文字や数量、図形に関心がもてるきっかけをつくる。

- 活動の準備や片付け、食事を子どもと一緒に行い、生活の仕方を知る。

- 言葉や目線が上からにならないよう、子どもと同じ目線に立ち、対等な立場で関わることを心がける。

- 当番活動を通して満足感や充実感をもつ子どもの姿と保育者の関わりを知る。

- 一人ひとり丁寧に対応し、話したいことを聞いてもらえた満足感が味わえるようにする。

- どのような生活習慣が身についているかを学ぶ。

- 子ども同士のやりとりを見守り、場面に応じて言葉を補い、お互いの気持ちが伝わるようする。

- 一人ひとりが目標に向かって挑戦している姿を認め、自信につながる言葉をかける。

- 想像力を豊かに働かせる絵本を、子どもと一緒に読んで楽しむ。

振り返り・考察

- 「この活動はなぜ大切なのか、子どもの育ちにどう関わるのか」を考えながら取り組むことが重要だと学んだ。

- 言葉で表現する大切さとともに、人の話を聞く大切さも伝える必要があることを学んだ。

- 積極的に身体を動かす楽しさを伝える方法を考えるべきだと感じた。

- トラブルに気づいた際、子どもが安心して話せるよう優しく問いかけることを学んだ。

- 自分の思いを友だちに伝えたり、友だちのよさを認め合ったりする子どもを見守り、必要に応じて助言することが必要だと学んだ。

- 保育者が進んで身体を動かすことで、遊ぶ楽しさが子どもに伝わるのだと感じた。

- 子どもが十分に考えを出し合ったり、話し合ったりできる時間や場所を確保する大切さを学んだ。

- 自然現象の気づきを楽しみ、関心を深められるよう、絵本や図鑑を用意する援助を知った。

- うがいや手洗いなどを進んで行う姿を認め、一人ひとりが自信をもって生活を送れるよう働きかけることを学んだ。

- 子どもの気持ちをあたたかく受容することで、のびのびと自己を発揮して活動できると学んだ。

保育用語の解説

保育所や幼稚園では、一般的にはあまり聞かない専門用語が使われる場合も多いものです。言葉の意味や意図を確かめておきましょう。

※主に保育現場で使う意味を解説しているので、一般的な用語の解説とは異なる場合があります。

あ行

愛着（あいちゃく）
特定の人物との間に生まれる、愛情による結びつき。

預かり保育（あずかりほいく）
幼稚園や認定こども園の教育時間終了後に、延長で子どもを預かる制度。

アセスメント
子どもの姿を理解するために、観察、評価し、発達を促すために役立てていくこと。一般的には「評価」「査定」を意味する。

アトピー性皮膚炎（せいひふえん）
皮膚のバリア機能が低下し、かゆみのある湿疹が出る病気。

アレルギー
免疫の働きが異常を起こして表れる、くしゃみ、発疹、呼吸困難などの症状。

い

一時保育（一時預かり事業）（いちじほいく いちじあずかりじぎょう）
1日や時間単位で、一時的に子どもを預けられるサービス。普段園を利用していなくても活用できる。

一斉保育（いっせいほいく）
経験させたい活動を、同じ時間、場所、内容、方法で、複数の子どもに対して一斉に行う保育の形態。

異年齢保育（いねんれいほいく）
3歳児、4歳児、5歳児など年齢の異なる子どもで、クラスや活動を行う保育の形態。

イメージの共有（きょうゆう）
目の前にはない、想像したものを他者と共有すること。

意欲（いよく）
物事に対して積極的に行おうとする気持ち。

咽頭結膜熱（プール熱）（いんとうけつまくねつ）（ねつ）
急性のウイルス性感染症。のどの痛み、目の充血、39℃前後の発熱といった症状がある。プールの水を介して感染することが多いので、プール熱とも呼ばれる。

インフルエンザ
インフルエンザウイルスによって引き起こされる呼吸器感染症。
風邪に比べて症状が重く、乳幼児や高齢者では重症化する場合もある。

う

うつぶせ寝（ね）
うつぶせの状態で寝かせること。窒息リスクを高めるなどの恐れがあるので、寝返りを自分でうてるようになるまではうつぶせ寝はさせない。

え

ADHD（注意欠如・多動性障害）（ちゅういけつじょ・たどうせいしょうがい）
不注意※1、多動性※2、衝動性※3の特徴が見られる、神経の発達に不具合があることが起因となる疾患。
※1 じっと座っていられない、しゃべり始めたら止まらないなどの状態。
※2 思いついたことや外部からの刺激に対し、発作的に行動すること。
※3 なくし物や忘れ物が多い、片付けが苦手など、集中力や注意力が続かないこと。

エピソード記録（エピソード記述）（きろく）（きじゅつ）
特定の場面に関わった人の、行動や言葉や思いを詳しく具体的に記録したもの。

園外保育（えんがいほいく）
園の外に出て保育を行うこと。散歩、遠足、高齢者施設の訪問など。

援助（えんじょ）
保育者が、子どもや保護者に対して、プラスの方向に向かうように助力する行為や働きかけ。

延長保育（えんちょうほいく）
規定の保育時間を超え、延長して行われる保育のこと。

園庭（えんてい）
幼稚園、保育所の敷地内や隣にある運動場。

園内研修（えんないけんしゅう）
幼稚園や保育所で行う研修活動のこと。

お

嘔吐（おうと）
食べた物を吐くこと。なにをきっかけに吐いたかを確認することが重要。処理の際は、手洗いや消毒を徹底する必要がある。

応答的保育（おうとうてきほいく）
子どもの働きかけに対し、人やものから返ってくる応えを大切にする保育のこと。
（例）人から……言葉・表情・仕草での反応
　　　ものから……砂遊びで水を加えれば泥になり、手で握れば団子が作れるなど、働きかけに対して返ってくる変化

か行

外気浴（がいきよく）
外の空気に触れること。健康状態に問題がなければ、生後1か月以降から開始する。

葛藤（かっとう）
両立することのできない、欲求や感情の選択に対して悩むこと。

家庭的保育（かていてきほいく）
保育者の自宅やその他の場所で行われる小規模の異年齢保育。

加配保育士
かはいほいくし

通常の配置基準の人数に加えて配置される保育士のこと。障害をもった子どもが支障なく園生活を送るための手助けをする役割を担っている。厚生労働省の支援施策。

過保護
かほご

子どもを大事に育てようとして、必要以上に口を出したり手を出したりすること。

感覚
かんかく

「見る・聞く・触れる・嗅ぐ・味わう」など、五感を通して物事の性質を知る働き。

感覚遊び
かんかくあそ

「見る・聞く・触れる・嗅ぐ・味わう」など、五感を使った遊び。

感覚過敏
かんかくかびん

音や匂い、味覚、触覚など外部からの刺激が過剰に感じられ、激しい苦痛を伴って不快に感じられる状態のこと。発達障害をもつ子どもや、HSP（HSC）※の子どもに表れることがある。原因を取り除く、アイテムを活用する、心の準備や理解ができるよう説明する、などさまざまな対処がある。
※HSP（HSC）……生まれつき非常に感受性が強く、敏感な気質を持った人、という意味。「Highly Sensitive Person（Highly Sensitive Child）」と言われ、その頭文字をとって「エイチ・エス・ピー（エイチ・エス・シー）」と呼ばれている。

間食
かんしょく

朝・昼・晩の3度の食事以外に食べる物。「おやつ」ともいう。

緘黙
かんもく

話すことはできるのに、言葉を発しない状態のこと。

き

機嫌
きげん

表情や態度に表れる、快・不快の状態。

気質
きしつ

生まれもった個人の性質や性格。

奇声
きせい

感情が高ぶると出る「キーッ」というような甲高い声。

吃音
きつおん

「わ、わ、わたし」のように発声の際、音の繰り返しなどにより言葉がスムーズに出てこない発話障害。

気になる子
きになるこ

コミュニケーション能力の低さや、発達の遅れ、問題行動が多いと保育者が感じる子ども。

基本的生活習慣
きほんてきせいかつしゅうかん

食事、睡眠、排泄、着脱、清潔という、生きていくために必要な毎日の生活のなかの行動や動き。

虐待
ぎゃくたい

身体的暴力、養育放棄（ネグレクト）、心理的暴言、性的暴行が行われること。虐待の可能性に気づいたらすべての国民は児童相談所に通告する義務がある（児童福祉法25条の規定）。

休息
きゅうそく

心身を休めてくつろぐこと。

教育
きょういく

人の心身の機能や技術、才能を伸ばすために教えて育てること。

共感
きょうかん

他人が感じている感情を、自分も一緒に感じ取ること。

教具
きょうぐ

保育をよりよいものにするための道具。

教材
きょうざい

保育を実践するために使う素材や指導のための道具。

共同製作
きょうどうせいさく

個人の絵や製作物を集合させてひとつの作品にしたり、ひとつの作品を複数名で製作したりすること。

共同注意
きょうどうちゅうい

同じものを一緒に見ること。

協同的な遊び
きょうどうてきあそび

仲間と一緒に力を合わせ、共通の目的をもって遊ぶこと。

け

月案
げつあん

1か月を単位にして立てた、保育の指導計画。

月齢
げつれい

生後1年未満の乳児が育った月数。

下痢
げり

便が水っぽくなった状態。

検温
けんおん

体温を計ること。

見学実習・観察実習
けんがくじっしゅう　かんさつじっしゅう

保育現場に行き、見学や観察をする実習。見学や観察をすることで、子どもたちの発達状況や言葉、行動の様子、遊びの種類や遊び方など学ぶ。

こ

誤飲
ごいん

誤って異物や毒物を飲み込んでしまうこと。子どもの誤飲や窒息を予防されるために開発された「誤飲チェッカー」や「誤飲防止ルーラー」などを使用し、子どもが誤飲しそうなものをあらかじめチェックして事故を防止する必要がある。3歳の赤ちゃんが口を開けたときの最大口径は約39mm、のどの奥までは約51mmあるので、その値を誤飲防止の目安にする。

好奇心
未知のものに興味を示し、探究しようとする気持ち。

構成遊び
積み木や粘土や折り紙など、形を作って楽しむ遊び。

厚生労働省
国の機関。国民の健康、医療、子ども、子育て、福祉、介護、雇用、労働などに関する事務を取り扱う。保育所を管轄する。

広汎性発達障害
対人関係の困難、パターン化した行動や強いこだわりの症状が見られる障害の総称。

コーナー保育
子どもが主体的に遊びを選択し、充実した遊びができるよう、複数の遊びのコーナーを設定した保育方法のこと。

戸外保育
屋外で遊ぶ保育。

孤食
一人きりで食事をすること。

午睡
昼寝のこと。

個性
個々の人を特徴づけている性格。

子育て支援
子どもを産んで育てるために、人手や金銭面、情報などの援助を行うこと。

コダーイ・システム（コダーイメソッド）
ハンガリーの作曲家であるコダーイ（1882-1967）が提唱した音楽教育法。幼少期の音楽教育が重要であると考え、自国の民謡（日本であればわらべうた）を歌うことを中心に展開される。

ごっこ遊び
日常生活での経験や見たことをまねたり、なりきったりして、遊びで再現すること。

言葉遊び
しりとりや音の数遊びなど、言葉の音やリズム、響きを楽しむ遊び。

5領域
幼稚園や保育所での教育目標を具体的に設定するため分けたもの。「健康」「人間関係」「環境」「言葉」「表現」の5つがある。

三項関係
自分と他者とモノ（対象）の関係。

し

支援
他者を支えて助けること。

ジェンダー
社会によってつくり出された、男女の違いを表す概念。
（概念の例）男の子は青色が好きで、女の子はピンクが好き。

自我
他者とは違う「自分」という意識。

自我意識の芽生え
自分自身を意識し、自己主張をすること。

自己肯定感
ありのままの自分を認めて、肯定できること。

事後指導（実習に関して）
実習終了後に、学内で実習を振り返りながら行う指導。

自己主張
自分の意見や考えを他人に伝えること。

自己評価
自分の行動やあり方について見つめたり、評価をしたりすること。

自己表現
自分の内にあるものに形を与えて、外に表現すること。

事前指導（実習に関して）
実習前に学内で行う指導のこと。

湿疹
皮膚に生じた赤み、痛み、熱などの炎症。原因は多様。

指導案
保育の展開を計画し、保育のねらい、内容、援助のポイントなどを記述したもの。

指導要録
子どもの学籍や育ちの様子や過程の要約を記録し、その後の指導や外部に対する証明などに役立たせる原簿となるもの。

自発性
自ら進んで考え、行動を起こそうとすること。

自閉性障害（自閉症）
脳機能の障害により、言葉の遅れ、コミュニケーションの問題、限定された興味やこだわりの強さなどの特徴がある。

週案
1週間の保育計画。

就学
学校に入って教育を受けること。

集団遊び
二人以上の仲間と一緒に行う遊び。

自由保育
子どもの主体的な活動を重視した保育の形態。

主体性
自分で考え、自分で行動し、自分で責任をとること。

シュタイナー教育（きょういく）

オーストリアの哲学者、ルドルフ・シュタイナー（1861-1925）が提唱した教育実践の総称。美しいものに触れ、保育者を模倣することなどを重視した保育を行う。

授乳（じゅにゅう）

乳児に乳を飲ませること。

守秘義務（しゅひぎむ）

職務上知った個人に関する情報を、他者に漏らしてはならないということ。

受容（じゅよう）

ありのままに受けとめること。

障害（しょうがい）

身体、または精神の機能に不十分な点があること。

情緒（じょうちょ）

喜び、悲しみ、怒りなどの心の動き。

象徴あそび（見立てあそび）（しょうちょう・みた）

小石をあめに見立てるように、イメージしたものを代理のものに置き換えて遊ぶこと。

除去食（じょきょしょく）

好ましくない物を除いた食事。

食育（しょくいく）

一生にわたる健全な食生活の実現を目指して、食に関する力を育む教育のこと。

自立（じりつ）

自分の力で物事を行うこと。

新生児（しんせいじ）

一般的に、生後28日未満の乳児のこと。

身体表現（しんたいひょうげん）

リズムにのって踊るなど、身体を動かして表現する遊びのこと。

心的外傷後ストレス障害（PTSD）（しんてきがいしょうご・しょうがい）

生命の危機を感じる経験や、そのような状況を間近で見た恐怖が強いストレスとなり、日常生活に支障が出る病気。子どもも大人もなることがある。

人的環境（じんてきかんきょう）

人が醸し出す雰囲気や価値観。園内の人的環境は「保育者」「保護者」「友だち」などを指す。

新入園児（しんにゅうえんじ）

新たに入園した子ども。時期は4月だけとは限らない。

す

スキンシップ

肌と肌の触れ合いによる交流。

素話（すばなし）

絵本などの道具は使わず、声と表情や身ぶりだけで物語を話すこと。

せ

生活リズム（せいかつ）

生活習慣の規則的な繰り返しのこと。

製作遊び（せいさくあそ）

素材や道具を使って物を作る遊び。

責任実習（全日実習）（せきにんじっしゅう・ぜんにちじっしゅう）

実習の最終段階で、実習生が自ら指導案を立てて責任をもって保育を進める実習のこと。担当時間により、部分・半日・全日（1日）などがある。

設定保育（せっていほいく）

保育者が教育的意図と計画性をもって、特定の保育活動の導入を行い、興味を示して参加する幼児を中心にまとまりある活動の場を設けること。

喘息（ぜんそく）

呼吸困難や激しい咳の出る発作。

そ

造形（ぞうけい）

感じたこと、思ったことを形あるものに表現すること。

創造性（そうぞうせい）

独自の考えや新しい方法で物事を生み出す力。

想像力（そうぞうりょく）

経験や体験をもとに、未知のものに対し見当をつけ、こうではないかと推し量る力。

た行

対応（たいおう）

状況や相手に応じてふさわしい行動をとること。

体型（たいけい）

痩せ型や肥満型といった体格の型。

退行（たいこう）

今よりも未熟な段階の行動や思考へ、逆戻りをすること。

体内リズム（たいない）

生まれながらにもっている身体の生活リズムと、光や温度などの条件が合わさって決まる、一定の周期。「体内時計」ともいう。

縦割り保育（たてわ・ほいく）

年齢の異なる子どもたちを、集団として保育を行うこと。「異年齢保育」「多年齢制」などともいわれる。

探索活動（たんさくかつどう）

興味、好奇心から、さまざまなものを知ろうとして、動き回る行動のこと。

ち

チック
本人の意思とは関係なく、突然起こる、身体の一部の速い動き（目をパチパチする、など）や、発声（咳払い、など）を繰り返す症状。

知的好奇心
知らないことや珍しいことに興味をもち、深く知りたいと思う気持ち。

着脱
衣服を着たり脱いだりすること。

長時間保育
保育所の保育時間は原則として8時間と定められているが、保護者の就労などの生活状況に応じて、保育時間の前後を延長して子どもを預かること。

調乳
粉ミルクをお湯で溶き、子どもが飲める適温の状態に調整すること。

つ

つもり遊び（ふり・見立て）
空のコップで飲むふりをしたり、絵本のなかの食べ物を食べるまねをしたりするなどの遊び。

て

手足口病
ウイルス性の感染症。口の中の粘膜や手のひら、足の裏、足の甲などに水疱性の発疹が現れて、1〜3日間発熱することがある。

手遊び・指遊び
歌いながら、手や指を使って遊ぶ表現遊び。

適切
その場によくあてはまり、ふさわしいこと。

伝承遊び
こま、折り紙、けん玉など、古くから人から人へ伝えられてきた遊びの総称。

転倒
ひっくり返ること。転ぶこと。

と

トイレット・トレーニング
自分の意思でトイレに行って排泄し、後始末までを行う練習。

統合保育
心身に障害がある子どもと、障害がない子どもを同じ集団のなかで一緒に保育を行うこと。

頭足人
頭や顔から直接足が生えた絵のこと。「頭足人間」ともいう。幼児の初期の描画にあらわれる特徴。

特徴
他のものと比べて、特に目立つ点。

特長
すぐれた長所。

な行

仲間関係
子ども同士が、互いに関心をもって、一緒に行動したり、遊んだりしてつくられる関係。

慣らし保育
初めて通う保育所や幼稚園に、無理なく慣れることを目的として行われる保育（1〜2週間程度）。初めは保護者同伴で短時間から始め、徐々に延ばしていくなどの方法で行う。

喃語
泣き声とは区別される「あーあー」「うー」という意味をもたない発声。快適な状況で出ることが多い。

に

日案
1日の保育の流れを計画した指導案。

乳児期
生後1か月〜1年半の時期を指す。

乳幼児突然死症候群（SIDS）
1歳未満の子どもの突然死に至る原因不明の病気。

認可外保育施設
児童福祉法の基準において認可を受けていない保育施設。サービス内容や保育料は原則として施設が自由に設定でき、認可の規制にとらわれない自由な保育を展開できる一面もある。

認証保育所
東京都独自の新しい制度の保育所のこと。

認定こども園
認可保育所だけでは応えきれない大都市のニーズに対応するため、都が設けた独自の基準のもと、認証された保育所。13時間の開所、などの特色がある。

ね

ネグレクト
乳幼児や児童の心身の正常な発達を妨げる著しい減食や長時間の放置などの育児放棄。

ねらい
保育のなかで、子どもに身につけてほしい目標を具体化したもの。

年間指導計画
1年間の子どもの育ちを見通し、年間の目標や具体的なねらい、内容、方法を書き込んだ長期の指導計画。

年齢別保育
同じ年齢の子どもでクラス編制をして保育を行う形態。

は行

把握（は あく）
要点を正確に理解すること。

配膳（はいぜん）
料理を盛ったお皿を食べる人の前に並べること。

配慮（はいりょ）
予想されるさまざまな場合に対する対処の方法を考えて気配りをすること。

発達障害（はったつしょうがい）
生まれつき脳機能の一部に障害があること。診断ができるのは医師のみ。個性に合わせて適切な支援を受けることで生活がしやすくなることも多い。

発達診断（はったつしんだん）
教育や支援に生かすために、子どもの心身の発達状態に関する情報を収集し把握すること。

パネルシアター
Pペーパーという不織布で作った絵人形を、貼ったりはがしたりして動かしながら、物語や歌、手遊びやクイズを展開する、保育の場で活用される教材。

ひ

被虐待児（ひぎゃくたいじ）
虐待を受けた子どものこと。

ピグマリオン効果（こうか）
期待をされると、期待に応えようと成果を出すという効果のこと。

人見知り（ひとみしり）
乳児が見慣れない人に対して、不安になったり怖がったりする反応を見せること。

ひとり遊び（あそび）
乳児が他者と関わることなく、ひとりで遊んでいること。

非認知能力（ひにんちのうりょく）
自尊心や忍耐力、思いやりという数値で計ることのできない感情のコントロールに関わる力などを指す。「社会情動的スキル」ともいわれる。

表現活動（ひょうげんかつどう）
感じたことを、描く、歌う、踊るなど、見える形で表す活動。

病後児保育（びょうごじほいく）
病気から回復途中の子どもを預かる保育サービス。

病児保育（びょうじほいく）
病気や体調に不安のある子どもを預かる保育サービス。

表出（ひょうしゅつ）
感じたことや考えなどが、表われること。意識的な表出と、無意識から生じる表出がある。

ふ

ファミリーサポートセンター
乳幼児や小学生の送迎や預かりなど、子育ての援助を受けたい人と援助を行いたい人を仲介する機関。

フィンガーペインティング
絵の具を指や手の平に直接つけ、紙に自由に表現する、絵画表現技法のひとつ。

フォローアップミルク
離乳食を進めるなかで、不足する栄養を補う役割を果たすミルク。

ブックスタート運動（うんどう）
自治体が行う0歳児検診で、絵本を配布する活動。

部分実習（ぶぶんじっしゅう）
1日のうちの一部分を実習生が受け持ち、保育を行うこと。

分離不安（ぶんりふあん）
乳幼児が、愛着のある人と離れることに不安を感じること。

へ

平行遊び（並行遊び）（へいこうあそび）
幼児が同じ場所で同じ遊びをしながらも、関わりをもたない状況のこと。

ペープサート
画用紙2枚を合わせて、表裏に絵を描き、間に棒を挟んで貼り合わせた絵人形を動かしながら、物語や歌、手遊びやクイズを展開する教材。

壁面構成（へきめんこうせい）
保育室などの壁を装飾すること。

ヘルパンギーナ
夏風邪の代表的なウイルス性の感染症。39℃以上の発熱や、喉が腫れ、小さな水疱が出るなどの症状がある。

偏食（へんしょく）
食べ物の好き嫌いが激しく、限られた物しか食べないこと。

便秘（べんぴ）
排便がスムーズに行われない状態。

ほ

保育（ほいく）
乳幼児を養護し、成長や発達の手助けを行うこと。

保育所保育指針（ほいくしょほいくししん）
厚生労働省から出される保育所の保育内容や運営に関する事柄を定めたもの。

モンテッソーリ教育（モンテッソーリ保育）

イタリアの医学博士・教育者であったマリア・モンテッソーリ（1870-1952）が考案した教育法。豊富な教具・教材を準備し、子どもが自由に選んで活動ができる環境を整えている。

文部科学省

国の機関。国民の教育、学術、文化、スポーツなどに関する事務を受けもつ。幼稚園を管轄する。

や行

夜間保育

夜間や深夜に家庭で保育できない保護者に代わり子どもを預かる保育サービスのこと。

夜驚症

睡眠中に突然起きて叫び声をあげたり、おびえて泣いたりするような症状のある睡眠障害のひとつ。

夜尿症

5歳以降で月1回以上のおねしょが3か月以上続くもの。

ゆ

遊戯室

屋内にある、比較的面積の広い、多目的に使用できる部屋。

遊具

遊びに使う道具や設備。ジャングルジムや滑り台、ブランコなどは固定遊具と呼ばれる。

誘導

楽しく目的へ導くこと。

揺さぶられっ子症候群

新生児や乳児が激しく揺さぶられることで、脳が損傷を受け、さまざまな障害を引き起こすこと。

指さし行動

手や指で対象を指し示す行動。

指しゃぶり

指をしゃぶったり吸ったりする行為。

保育ドキュメンテーション

子どもの活動を写真や動画、音声、文字などで視覚的に記録するもの。「保育の見える化」をすることで、保育者・保護者・子どもの三者が活動を振り返ることができ、保育の質の向上につながることを目的としている。

保育要領

1948年に当時文部省より刊行された、幼児教育の手引き。

母乳

母親の体内でつくられる、乳児の栄養源となる乳。

ま行

麻疹（はしか）

発熱、咳、目やに、鼻水、発疹などの症状のある感染症。

待つ保育

子どもが自分で考えて行動するのを待つ、主体性、能動性、自主性を尊重する保育。

も

沐浴

乳児の身体を洗うこと。

模倣

動きや行動をまねすること。

よ

用具

なにかをするために必要な道具。

養護

安全で健康に生活できるように養育し、保護すること。

幼児期

1歳前後から小学校就学前までの時期。

幼児期の終わりまでに育ってほしい姿（10の姿）

2018年、幼児教育に関連する文部科学省の「幼稚園教育要領」、厚生労働省の「保育所保育指針」、内閣府の「幼保連携型認定こども園 教育・保育要領」が改定された際に発表された10の姿。

幼稚園

就学前の幼児を対象とした、教育を行う施設。

幼稚園教育要領

学校教育法に定める、幼稚園教育内容に関する国家基準。

幼保一元化

幼稚園、保育所に分ける二元制をやめ、一つの制度に統一すること。

幼保連携型認定こども園教育・保育要領

「幼保連携型認定こども園」の保育内容の基準となる要領。

欲求

なにかがしたい、ほしい、と求める心の動き。

欲求不満

求めることが叶わずに、イライラする不快な状態。

予防接種

特定の感染症に対する免疫をつけるためワクチンを接種すること。

ら行

乱暴
らんぼう

荒々しく、攻撃的で破壊的な行為。

り

理事長
りじちょう

組織・団体を代表し、業務を執行する機関の長。

リズム遊び
あそ

歌やリズムに合わせて手や指、身体を動かす遊びのこと。

リトミック

音楽やリズムなどに合わせ、全身を動かし表現することで心と身体を協調させる、エミール・ジャック＝ダルクローズ（1865-1950）が開発した音楽教育。

離乳食
りにゅうしょく

母乳や哺乳瓶によるミルクの授乳から、固形栄養食に切り替える過程に与える半固形食。

流行性耳下腺炎（おたふく風邪）
りゅうこうせいじかせんえん　かぜ

耳下腺（耳の前から下に位置する）と顎下腺（顎の下に位置する）の腫れと痛み、発熱を伴う症状の出る病気。

臨界期
りんかいき

能力や性質を獲得することができる期間。「敏感期」ともよばれる。

臨機応変
りんきおうへん

決まった方針にとらわれず、変化に合わせ適切な対処をすること。

る

ルーティーン

日常生活のなかでパターン化された行動のこと。

れ

冷凍母乳
れいとうぼにゅう

母乳を冷凍保存したもの。直接授乳できない場合に使われる。

劣等感
れっとうかん

見た目の姿や能力など、他人よりも劣っていると感じること。

連携
れんけい

同じ目的をもった者同士が、連絡し協力しあうこと。

連絡帳
れんらくちょう

クラスの担任と保護者との間で取り交わす、情報を交換・共有することを目的としたノート。

ろ

ロタウイルス腸炎
ちょうえん

下痢、腹痛、嘔吐、発熱などの症状が出る、腸の炎症。

 ## わ行

わらべうた

幼児の伝承遊びで歌い継がれてきた歌。

＜参考文献＞
改訂新版　保育用語辞典（一藝社）
岩波 国語辞典 第8版（岩波書店）

巻頭折り込み「自己紹介手袋シアター」

※手袋シアターの型紙は実際の大きさです。
　名前の部分はフェルト、油性マジック、刺繍など好きな方法で作ってください。

女性

男性

指とエプロンに貼るトイクロス

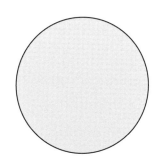

名前のフェルト

手の甲側に貼るトイクロス

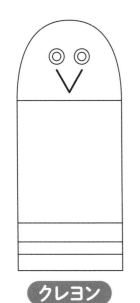

クレヨン

※自分の好きな色で作りましょう。

＜食べ物＞ ※自分の好きな食べ物を作りましょう。

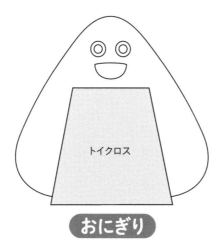

トイクロス

おにぎり

マジックテープ®
（オス）

★「マジックテープ」は㈱クラレの
　面ファスナーの登録商標です。

うめぼし

しゃけ

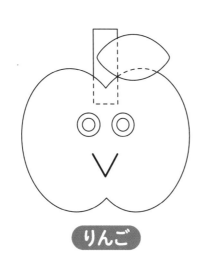

りんご

お肉

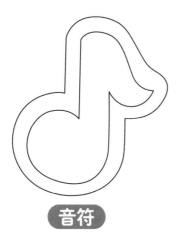

音符

本

作り方 用意するもの ・カラー手袋 ・フェルト ・トイクロス ・マジックテープ®（オス） ・動眼 ・刺繍糸 ・グルーガン

①パーツやアイテムを作る。

顔

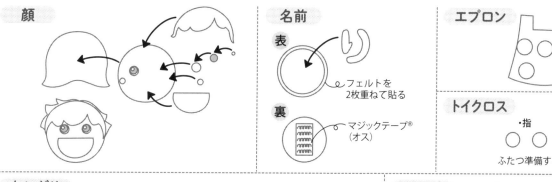

名前

表

フェルトを2枚重ねて貼る

裏

マジックテープ®（オス）

エプロン

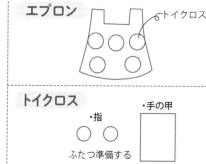

トイクロス

トイクロス

・指

・手の甲

ふたつ準備する

おにぎり

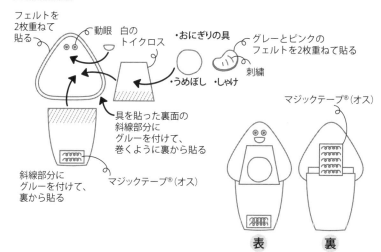

フェルトを2枚重ねて貼る

動眼 白のトイクロス

・おにぎりの具

グレーとピンクのフェルトを2枚重ねて貼る

刺繍

・うめぼし ・しゃけ

具を貼った裏面の斜線部分にグルーを付けて、巻くように裏から貼る

斜線部分にグルーを付けて、裏から貼る

マジックテープ®（オス）

マジックテープ®（オス）

表　裏

りんご

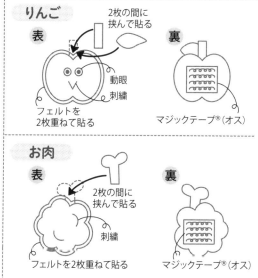

表

2枚の間に挟んで貼る

裏

動眼　刺繍

フェルトを2枚重ねて貼る

マジックテープ®（オス）

お肉

表

2枚の間に挟んで貼る

裏

刺繍

フェルトを2枚重ねて貼る

マジックテープ®（オス）

クレヨン

表　裏

動眼　刺繍

フェルトを2枚重ねて貼る

マジックテープ®（オス）

音符

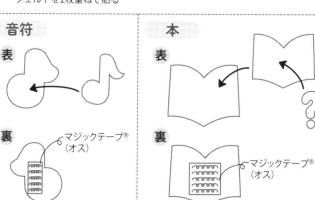

表

裏

マジックテープ®（オス）

本

表

裏

?

マジックテープ®（オス）

②カラー手袋にパーツやアイテムを貼る。

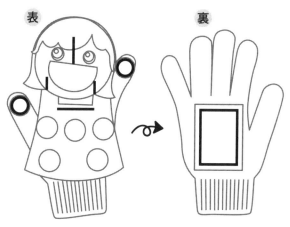

表　裏

親指と小指、手の甲にトイクロスを貼る。
※ ━ の部分にグルーを付けて貼る。

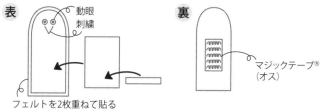

145

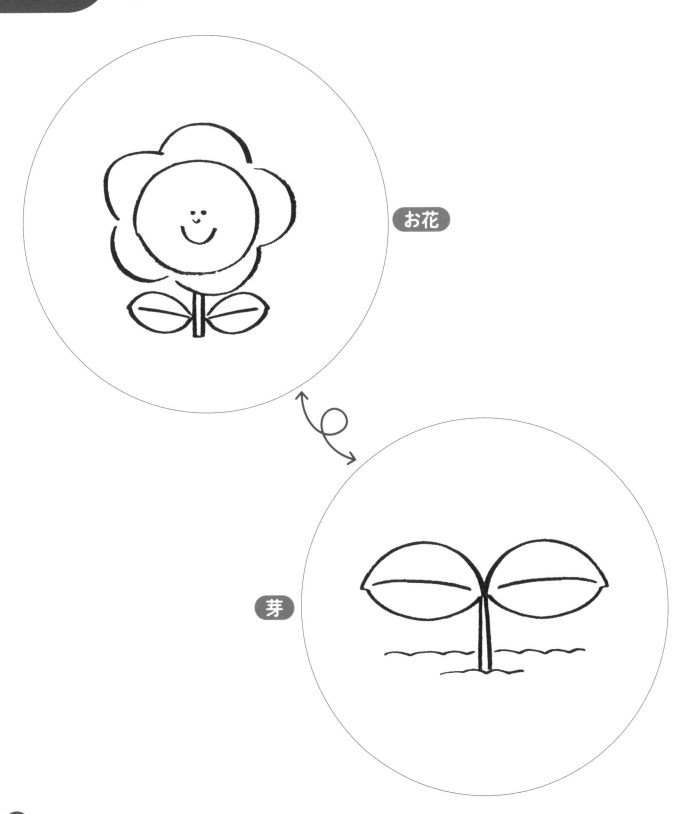

お花

芽

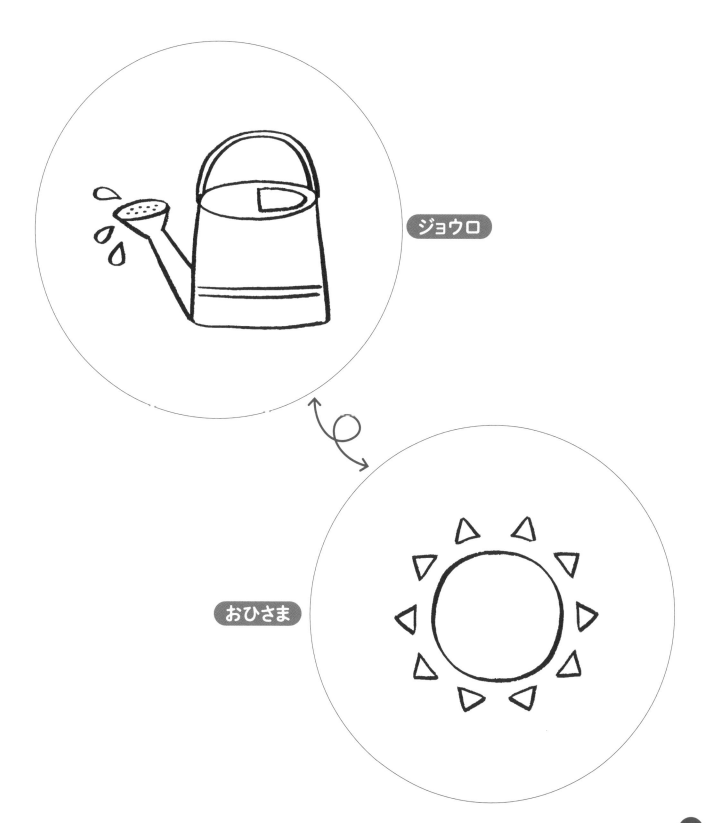

ジョウロ

おひさま

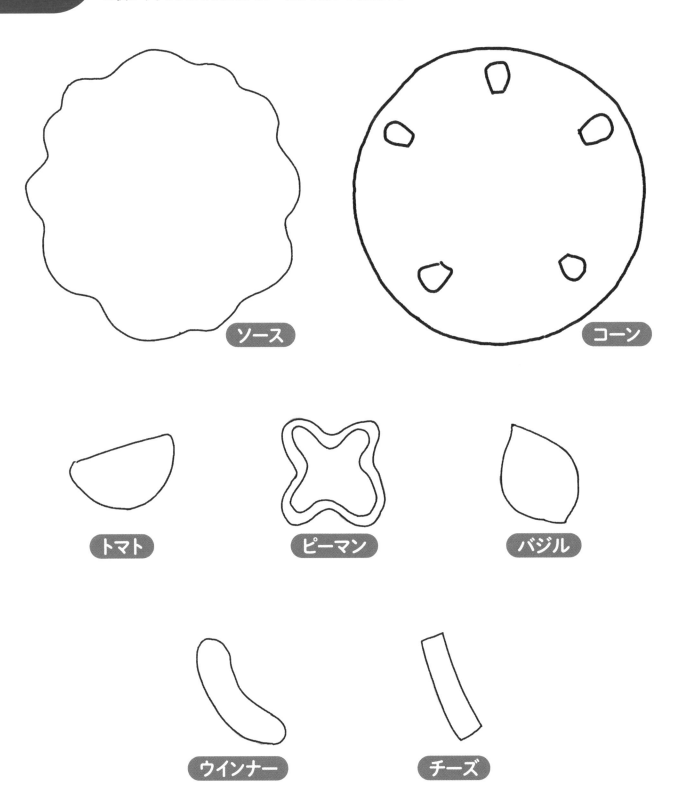

ソース

コーン

トマト

ピーマン

バジル

ウインナー

チーズ

花びらと葉っぱ

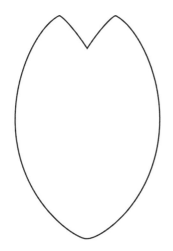

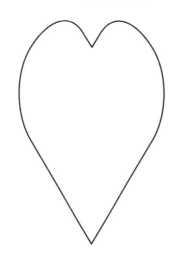

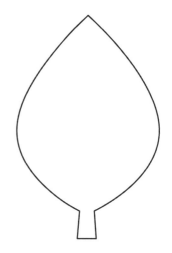

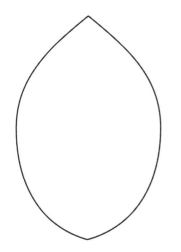

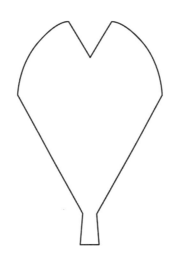

※飾りや製作に使える文字です。
　使いやすい大きさに拡大コピーをして使ってください。

ひらがな

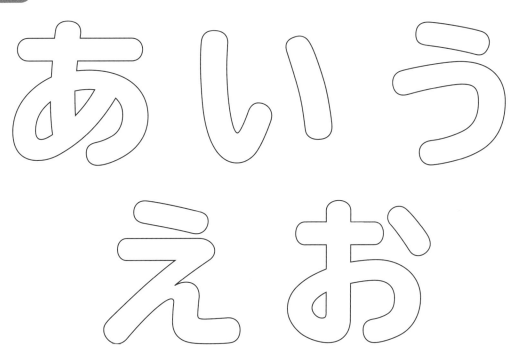

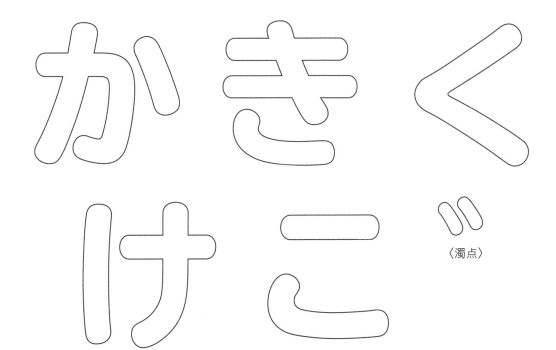

〈濁点〉

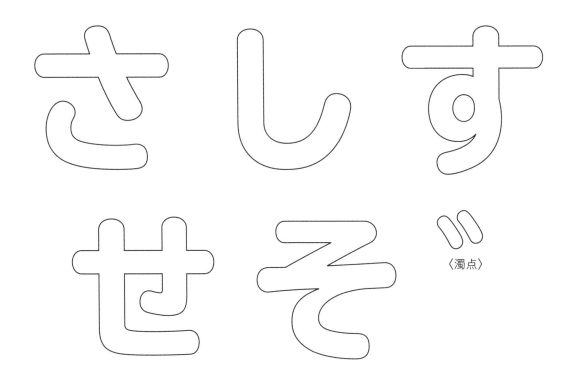

さ し す

せ そ ゛
〈濁点〉

た ち つ

て と つ ゛
〈濁点〉

な に ぬ
ね の
は ひ ふ
へ ほ ゙ ゚

〈濁点〉 〈半濁点〉

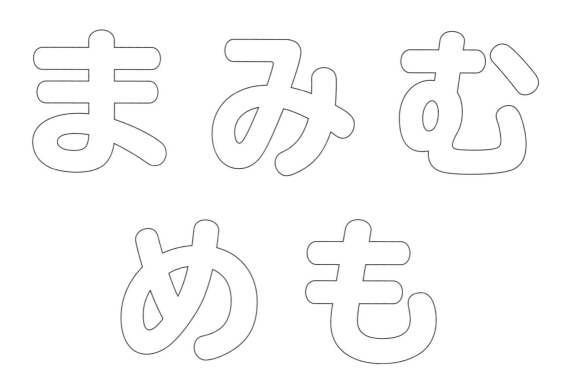

らりるれろ

わをん

0 1 2 3

4 5 6

7 8 9

おたん
じょうび

おめで
とう

にゅうえん

- -

しんきゅう

- -

そつえん

P.11 オリエンテーションメモ（書き込んでお使いください）

希望事項	決定事項
-------------------------------	-------------------------------
-------------------------------	-------------------------------
-------------------------------	-------------------------------
-------------------------------	-------------------------------
-------------------------------	-------------------------------
-------------------------------	-------------------------------

その他

P.11 電話メモ（書き込んでお使いください）

学　　校	
学　　年	
氏　　名	
期　　間	
オリエンテーション日程	
その他	

執筆……上村麻郁（千葉経済大学短期大学部こども学科 准教授）P.50-51 ／ P.58-59 ／ P.66-67 ／ P.74-75 ／ P.116-117

原田理恵（学校法人まるやま学園まるやま幼稚園園長）P.88-89 ／ P.92-93 ／ P.96-97 ／ P.100-101 ／ P.104-105 ／ P.108-109

古林ゆり（精華女子短期大学幼児保育学科 講師）0〜5歳児 子どもの発達 ／ P.32-33 ／ P.38-39 ／ P.44-45 ／ P.62-63 ／ P.70-71

本文・装丁デザイン … ニルソンデザイン事務所
DTP ………………… ドットテトラ
装丁イラスト ……… サタケシュンスケ
イラスト …………… 雨宮みなみ（ほいくる）・おおたきょうこ・sayasans・ホリナルミ・もものどあめ
作り方イラスト・型紙… 松山絢菜・おおたきょうこ・ホリナルミ
手袋シアター制作…… amico
ペープサートイラスト … おおたきょうこ
撮影………………… 島本絵梨佳
演じ方モデル ……… 中澤梨乃（GURRE）
校正………………… みね工房
編集・制作 ………… 株式会社 童夢

監修

横山洋子（よこやま　ようこ）

千葉経済大学短期大学部こども学科 教授。
国立大学附属幼稚園、公立小学校勤務ののち現職。
著者に、『子どもの育ちをサポート！　生活とあそびから見る「10の姿」
まるわかりBOOK』（ナツメ社）、『子どもの育ちを伝える 幼稚園幼児
指導要録の書き方＆文例集』（ナツメ社）、『根拠がわかる！　私の保育
総点検』（中央法規出版）など多数。

ほいくる

　2010年に保育士が立ち上げた、"遊び"と"学び"が広がる保育情報サ
イト。正式名称 HoiClue［ほいくる］。身近な材料で楽しめる製作遊び、
季節の戸外遊びなど幅広い遊びのアイデアを中心に、10,000記事以上
のコンテンツを掲載。全国の保育所保育士の2人に1人が使っている。
「こどもの"やってみたい"っておもしろい。」をテーマに、真面目さと
遊び心を携えて運営中。
URL：https://hoiclue.jp
Twitter：@HoiClue
Instagram：@hoiclue

保育所＆幼稚園
実習の記録と指導案まるごとBOOK

2021年7月28日　初版発行
2023年7月5日　再版発行

監修／横山 洋子・ほいくる

発行者／山下 直久

発行／株式会社KADOKAWA
〒102-8177　東京都千代田区富士見2-13-3
電話 0570-002-301（ナビダイヤル）

印刷所／凸版印刷株式会社